Hexenwerk Therapie

VERWENDUNG VON HEXEREI ALS THERAPEUTISCHES WERKZEUG FÜR PERSÖNLICHES WACHSTUM

LISA MARTIN

Inhaltsverzeichnis

Einführung

Definition der Hexerei-Therapie

Die Hexerei-Therapie ist eine alternative Behandlungsform, die Aspekte der Hexerei und Psychotherapie miteinander verbindet, um spirituelle Entwicklung, emotionale Heilung und persönliches Wachstum zu fördern. Diese Art der Therapie wird auch als "magische Therapie" oder "Hexentherapie" bezeichnet und erfreut sich unter Menschen, die einen ganzheitlichen Ansatz für psychische Gesundheit und Wohlbefinden suchen, wachsender Beliebtheit.

Die Hexerei-Therapie basiert auf den grundlegenden Prinzipien der Hexerei, zu denen die Überzeugung gehört, dass alles miteinander verbunden ist und dass Energie durch Rituale und Absicht kontrolliert und manipuliert werden kann. Psychologische Ideen wie die Bedeutung der Selbstreflexion, Selbstwahrnehmung und die Notwendigkeit, emotionale Traumata zu heilen, sind ebenfalls in die Hexerei-Therapie integriert.

Die Hexerei-Therapie ist nicht nur für Menschen geeignet, die dem Heidentum oder der Hexerei folgen. Jeder, der an alternativen Techniken zur Heilung und persönlichen Entwicklung interessiert ist, ist willkommen. Es ist jedoch wichtig zu verstehen, dass die Hexerei-Therapie für Menschen mit schweren psychischen Erkrankungen nicht die konventionelle Therapie oder Medikamente ersetzen sollte. Stattdessen kann sie als Ergänzung zur konventionellen Therapie genutzt werden.

Die Idee der Energie ist eines der Schlüsselkonzepte in der Hexerei-Therapie. In der Hexerei wird Energie als die Kraft betrachtet, die alle Dinge im Universum miteinander verbindet. Durch Zeremonie und Absicht kann diese Energie erfasst und fokussiert werden. In der Hexerei-Therapie werden die Patienten dazu ermutigt, sich ihrer

Energie bewusst zu werden und zu lernen, sie für die Verwirklichung ihrer Wünsche und Ziele zu nutzen.

Die Anwendung von Symbolik und Metapher ist ein wichtiger Ansatz in der Hexerei-Therapie. Der Pentakel, der Mond und die Elemente Erde, Luft, Feuer und Wasser sind nur einige der vielen Symbole, die in der Hexerei verwendet werden. Diese Symbole können in der Therapie genutzt werden, um Gefühle, Ideen und Erfahrungen darzustellen. Zum Beispiel kann Feuer Wut oder Leidenschaft repräsentieren, während Wasser für Emotionen und das Unterbewusstsein stehen kann.

Individuen werden auch dazu ermutigt, eine Verbindung zur Natur herzustellen, wenn sie sich in der Hexerei-Therapie befinden. Die Natur wird als Ort der Ruhe und Erleuchtung betrachtet. Zeit in der Natur zu verbringen, draußen zu meditieren und Rituale durchzuführen, die die natürliche Welt ehren, können mächtige Werkzeuge für persönliches Wachstum und Heilung sein.

Die Hexerei-Therapie verwendet verschiedene Ansätze, die an die individuellen Bedürfnisse und Ziele jedes Patienten angepasst werden können. Die Anwendung von Ritualen, Zauberarbeit, Wahrsagung, Visualisierung, Meditation und Kräuterkunde sind einige der Methoden, die in der Hexerei-Therapie angewendet werden.

Meditation ist ein wesentlicher Bestandteil der Hexerei-Therapie. Es ist eine Technik, die den Menschen hilft, sich ihrer Gedanken, Gefühle und körperlichen Empfindungen bewusster zu werden.

Durch Meditation kann der Geist beruhigt, Stress und Angst reduziert und die Aufmerksamkeit und Klarheit verbessert werden.

Visualisierung ist eine weitere Technik, die in der Hexerei-Therapie verwendet wird. Dabei geht es darum, die Vorstellungskraft zu nutzen, um mentale Bilder zu erzeugen, die Ziele, Absichten oder gewünschte Ergebnisse darstellen. Die Anwendung von Visualisierung kann die Motivation steigern, Angst lindern und optimistisches Denken fördern.

Ritual ist eine Methode, um ein bestimmtes Ziel oder eine bestimmte Wirkung mithilfe von Symbolen und Absicht zu erreichen. Rituale können so einfach sein wie das Anzünden einer Kerze oder so komplex wie eine Zeremonie zum Vollmond. Rituale können genutzt werden, um Veränderungen zu signalisieren, negative Energie loszulassen und Heilung und Transformation zu fördern.

Zauberarbeit ist eine weitere Technik, die in der Hexerei-Therapie angewendet wird. Zauber sind eine Art der Absichtsetzung, bei der Worte, Symbole und physische Gegenstände verwendet werden, um ein bestimmtes Ergebnis zu erzielen. Zauber können für verschiedene Zwecke eingesetzt werden, wie zum Beispiel das Anziehen von Glück und Liebe, das Vertreiben von negativer Energie und die Förderung der Heilung.

Tarotkarten, Runen oder Pendel sind einige Beispiele für die Werkzeuge, die bei der Wahrsagung eingesetzt werden, um Einblick in die Vergangenheit, Gegenwart oder Zukunft zu erhalten. Klarheit, Entscheidungsfindung und die Erforschung von Gefühlen und Gedanken können durch die Wahrsagung erreicht werden.

Die Praxis der Kräuterkunde beinhaltet die Verwendung von Pflanzen und Kräutern für Gesundheit und Heilung. Kräuter können zum Beispiel verwendet werden, um das Immunsystem zu stärken oder Schmerzen zu lindern, um die körperliche Gesundheit zu fördern. Es kann auch für emotionale und spirituelle Heilung eingesetzt werden, zum Beispiel durch die Verwendung von Kräutern zur Entspannung oder zur Förderung eines Gefühls von Erdung und Balance.

Das Ziel der Hexerei-Therapie ist es, eine heilige und sichere Umgebung für die eigene Entwicklung und Heilung zu schaffen. Die Einrichtung eines persönlichen Altars oder eines heiligen Ortes, die Verwendung bestimmter Werkzeuge oder Gegenstände und die Gestaltung von Ritualen und Praktiken, die eine Verbindung und Absicht fördern, können dabei helfen.

Es ist wichtig zu verstehen, dass die Hexerei-Therapie keine konventionelle Therapie oder Medikamente ersetzt. Stattdessen ist sie ein ergänzender Ansatz, der zusammen mit anderen Therapieformen angewendet werden kann, um ganzheitliche Heilung und Wohlbefinden zu fördern.

Zusammenfassend ist die Hexerei-Therapie eine Art komplementärer Behandlung, die Aspekte der Hexerei und Psychotherapie verbindet, um spirituelle Entwicklung, emotionale

Heilung und persönliche Weiterentwicklung zu fördern. Sie basiert auf den Prinzipien der Hexerei, zu denen die Überzeugung gehört, dass alles im Universum miteinander verbunden ist und Energie durch Absicht und Ritual gelenkt werden kann. Die Hexerei-Therapie verwendet eine Vielzahl von Techniken und Praktiken, wie Visualisierung, Ritual, Zauberarbeit, Wahrsagung, Meditation und Kräuterkunde, um den Klienten dabei zu helfen, ihre Absichten und Ziele zu verwirklichen. Die Hexerei-Therapie kann ein wirksames Werkzeug für diejenigen sein, die nach einem ganzheitlichen Ansatz für psychische Gesundheit und Wohlbefinden suchen, sollte aber keine konventionelle Therapie oder Medikamente ersetzen.

Kurze Geschichte der Hexerei als therapeutisches Werkzeug

Die Geschichte der Verwendung von Hexerei als therapeutische Technik ist lang und komplex und reicht viele Jahrhunderte zurück. Obwohl die moderne Hexerei-Therapie ihre Wurzeln im 20. Jahrhundert hat, reichen die Anwendungen von Hexerei für Heilung und spirituelles Wachstum bis in die Antike zurück.

Die Verwendung von Magie und Heilung war in vielen antiken Kulturen eng mit Spiritualität und Religion verbunden. Zum Beispiel nutzten Priester und Priesterinnen im alten Ägypten Zauber und Beschwörungen, um Kranke zu heilen und böse Geister abzuwehren. Im antiken Griechenland nutzten Frauen, die als Pharmakiden bekannt waren, Kräuter und Tränke, um Körper und Geist zu heilen.

Im Mittelalter erlangte die Hexerei einen schlechten Ruf, und Frauen, denen vorgeworfen wurde, schwarze Magie zu verwenden, um andere zu schädigen, wurden als "Hexen" bezeichnet. Viele dieser Frauen waren jedoch auch Heilerinnen, Hebammen und Kräuterkundige, die ihren Gemeinden durch ihr Wissen über Pflanzen und Kräuterbehandlungen zugute kamen.

Das Interesse an Hexerei und Magie begann im späten 19. und frühen 20. Jahrhundert wieder zu wachsen. Der Aufstieg des Spiritismus und des Okkultismus sowie der Einfluss von Persönlichkeiten wie Aleister Crowley und Helena Blavatsky waren einige der Ursachen dafür. Die Idee der modernen Hexerei, oder Wicca, begann zu dieser Zeit Gestalt anzunehmen.

Gerald Gardner, ein britischer Beamter, der die moderne Hexerei gründete, entwickelte in den 1930er Jahren Interesse an Okkultismus. Gardner behauptete, in einen Zirkel von Hexen initiiert worden zu sein, die eine alte Religion praktizierten, die auf der Verehrung eines gehörnten Gottes und einer Muttergöttin basierte. Er veröffentlichte mehrere Werke zu diesem Thema, wie "Witchcraft Today" und "The Meaning of Witchcraft", die zur Verbreitung der Idee der modernen Hexerei beitrugen.

Die feministische Bewegung und die Gegenkultur-Revolution trugen in den 1960er und 1970er Jahren beide zur zunehmenden Akzeptanz von Hexerei und anderen alternativen spirituellen Praktiken bei. Viele Frauen wandten sich der Hexerei zu, um ihre Unabhängigkeit und Kraft zurückzugewinnen und sich mit einer spirituellen Tradition zu identifizieren, die das Weibliche ehrt.

Zu dieser Zeit begann auch die Idee, Hexerei als therapeutisches Werkzeug einzusetzen. Hexerei und Rituale wurden beliebte Werkzeuge, die von Praktizierenden verwendet wurden, um Heilung und persönliche Entwicklung zu fördern. Der Schwerpunkt lag dabei auf der Verwendung von Hexerei als Mittel zur Selbstreflexion, emotionalen Heilung und spirituellen Entwicklung.

In den 1980er und 90er Jahren begann der Begriff "magische Therapie" an Popularität zu gewinnen. Diese Therapiemethode kombinierte Elemente der Psychotherapie und Hexerei. Praktizierende halfen den Patienten, ihre therapeutischen Ziele mithilfe verschiedener Methoden wie Ritualen, Zauberarbeit, Visualisierung und Meditation zu erreichen.

Heute ist die Hexerei-Therapie ein sich entwickelndes Feld, das eine Vielzahl von Methoden und Strategien einsetzt. Während sich einige Praktizierende auf traditionelle Hexerei konzentrieren, integrieren andere Elemente des Buddhismus oder Schamanismus in ihre Praktiken. Der Schwerpunkt liegt darauf, Hexerei als Werkzeug für spirituelle Entwicklung, emotionale Heilung und persönliches Wachstum zu nutzen.

Die Idee der Absicht ist eines der grundlegenden Konzepte in der Hexerei-Therapie. In der Hexerei ist die Absicht eine mächtige Kraft, die verwendet werden kann, um Ziele zu erreichen und Transformationen herbeizuführen. In der Therapie wird die Absicht verwendet, um sich auf bestimmte Ergebnisse und Ziele zu konzentrieren. Praktizierende arbeiten mit Klienten zusammen, um ihre Absichten zu klären und ihnen zu helfen, Rituale und Techniken zu entwickeln, um ihre Ziele zu erreichen.

Die Verwendung von Symbolik und Metapher ist ein weiteres wichtiges Konzept in der Hexerei-Therapie. Praktizierende nutzen Symbole wie die Elemente, Tarotkarten oder Kristalle, um Emotionen, Gedanken und Erfahrungen darzustellen. Diese Symbole können in der Therapie verwendet werden, um Gefühle zu erkunden und zu verarbeiten sowie Heilung und Transformation zu fördern.

Zusätzlich zu diesen Techniken integrieren viele Praktizierende der Hexerei-Therapie Praktiken wie das Führen von Tagebüchern, Traumarbeit und die Zusammenarbeit mit Geistführern oder Vorfahren. Tagebuchführung kann dazu verwendet werden, den Fortschritt zu verfolgen und Erfahrungen zu reflektieren, während Traumarbeit dazu verwendet werden kann, das Unterbewusstsein zu erkunden und Einblicke in tiefere Emotionen und Wünsche zu erhalten. Die Zusammenarbeit mit Geistführern oder Vorfahren kann auf dem spirituellen Weg Führung und Unterstützung bieten.

Obwohl die Hexerei-Therapie oft mit alternativen Formen von Spiritualität in Verbindung gebracht wird, ist es wichtig zu betonen, dass sie nicht auf Personen beschränkt ist, die Hexerei oder Heidentum praktizieren. Die Hexerei-Therapie steht allen offen, die Interesse daran haben, alternative Methoden für persönliches Wachstum und Heilung zu nutzen. Es ist auch wichtig zu bedenken, dass die Hexerei-Therapie für Menschen mit schweren psychischen

Erkrankungen nicht die konventionelle Therapie oder Medikamente ersetzen sollte.

Insgesamt spiegelt die kurze Geschichte der Hexerei als Heilpraxis das beständige Bedürfnis des Menschen nach Verbindung, Bedeutung und Heilung wider. Die Menschen haben Magie, Religion und Spiritualität in der Geschichte genutzt, um schwierige Zeiten zu überstehen und sich mit etwas Größerem als sich selbst zu verbinden. Die Hexerei-Therapie, die die Zusammengehörigkeit von Geist, Körper und Seele betont, führt diese Tradition fort, indem sie den Menschen einen ganzheitlichen Ansatz für psychische Gesundheit und Wohlbefinden bietet.

Die Vorteile der Verwendung von Hexerei als therapeutisches Werkzeug

Hexerei als therapeutisches Werkzeug bietet eine Vielzahl von Vorteilen. Die Hexerei-Therapie betont die Verbindung zwischen Geist, Körper und Seele als Teil eines ganzheitlichen Ansatzes für psychische Gesundheit und Wohlbefinden. Indem Elemente der Hexerei und Psychotherapie kombiniert werden, können Einzelpersonen ein tieferes Verständnis für sich selbst entwickeln, neue Bewältigungsstrategien erlernen und persönliches Wachstum und Transformation fördern.

Ein Hauptvorteil der Verwendung von Hexerei als therapeutisches Werkzeug ist die Betonung von Selbstbewusstsein und Selbstreflexion. Hexerei lehrt Menschen, ihre erhöhte Bewusstheit ihrer Gedanken, Gefühle und körperlichen Empfindungen als Werkzeug für Heilung und persönliche Entwicklung zu nutzen.

Durch Achtsamkeit und Reflexion können Menschen Einblick in ihre Emotionen und ihr Verhalten gewinnen und neue Wege finden, um mit Stress und Angst umzugehen.

Die Hexerei-Therapie fördert auch Heilung und Transformation durch die Verwendung von Ritualen und Symbolik. Rituale können ein Gefühl von Verbindung und Absicht fördern und auch verwendet werden, um Übergänge zu markieren und negative Energie freizusetzen. Symbole wie Tarotkarten oder Kristalle können verwendet werden, um Emotionen, Gedanken und Erfahrungen darzustellen und können in der Therapie dazu dienen, Gefühle zu erkunden und zu verarbeiten.

Ein weiterer Vorteil der Hexerei als therapeutisches Werkzeug ist die Betonung des Setzens von Absichten. In der Hexerei ist Absicht eine mächtige Kraft, die verwendet werden kann, um Ziele zu erreichen und Veränderungen herbeizuführen. In der Therapie wird die Absicht verwendet, um sich auf bestimmte Ergebnisse und Ziele zu konzentrieren. Praktizierende arbeiten mit Klienten zusammen, um ihre Absichten zu klären und ihnen zu helfen, Rituale und Techniken zu entwickeln, um ihre Ziele zu erreichen.

Ein weiterer Vorteil ist die Betonung von Spiritualität und einer Verbindung zur Natur. Hexerei lehrt Menschen, mit der natürlichen Welt zu kommunizieren, einschließlich der Erde, der Jahreszeiten und ihrer Zyklen. Diese Verbindung kann ein Gefühl von Stabilität und Gleichgewicht vermitteln und eine tiefere Bedeutung und Sinnhaftigkeit fördern.

Die Hexerei-Therapie bietet auch weitere Vorteile, wie die Möglichkeit, eine Vielzahl von psychischen Gesundheitsproblemen zu behandeln. Zum Beispiel können Meditation und Visualisierung eingesetzt werden, um Stress und Angst abzubauen, während Zauberarbeit dazu dienen kann, positives Denken und Selbstwertgefühl zu fördern. Wahrsagung und Tarotkartenlegen können genutzt werden, um Einblicke in vergangene Traumata oder negative Muster zu gewinnen und Gefühle von Trauer, Verlust oder Angst zu erforschen.

Darüber hinaus kann die Hexerei-Therapie dazu beitragen, die körperliche Gesundheit und das Wohlbefinden zu fördern. Die Kräuterkunde kann beispielsweise dazu verwendet werden, das Immunsystem zu unterstützen oder Schmerzen und Entzündungen zu lindern. Aromatherapie kann Entspannung fördern und Stress reduzieren, während Meditation und Visualisierung dazu beitragen können, den Blutdruck zu senken und die Gesundheit insgesamt zu fördern.

Insgesamt spiegeln die Vorteile der Verwendung von Hexerei als therapeutisches Werkzeug das wachsende Interesse an alternativen Therapieformen und die Anerkennung der Verbundenheit von Geist, Körper und Seele wider. Durch die Integration von Elementen der Hexerei und Psychotherapie können Einzelpersonen ein tieferes Verständnis für sich selbst und ihre Emotionen entwickeln, neue Bewältigungsstrategien erlernen und persönliches Wachstum und Transformation fördern. Ob als ergänzender Ansatz zur traditionellen Therapie oder als eigenständige Praxis - die Hexerei-Therapie hat das Potenzial, ganzheitliche Heilung und

Wohlbefinden für Menschen zu fördern, die eine tiefere Verbindung zu sich selbst und der Welt um sie herum suchen.

Wie dieses Buch den Lesern dabei helfen wird, durch Hexerei zu wachsen

Das Ziel des Buches "Hexenwerk Therapie: Verwendung von Hexerei als therapeutisches Werkzeug für persönliches Wachstum" ist es, den Lesern beizubringen, wie sie Hexerei als Werkzeug für spirituelle Entwicklung, emotionale Heilung und persönliches Wachstum nutzen können. Das Buch bietet einen ganzheitlichen Ansatz für psychische Gesundheit und Wohlbefinden, der die Verbindung von Geist, Körper und Seele betont, indem er Aspekte der Hexerei und Psychotherapie kombiniert.

Um den Lesern zu helfen, zu verstehen, wie sie Hexerei für persönliches Wachstum nutzen können, ist das Buch in mehrere Abschnitte unterteilt. Die Hexerei-Therapie wird im ersten Abschnitt vorgestellt, zusammen mit einer Definition des Begriffs und einer Zusammenfassung, wie sie entstand. In diesem Abschnitt werden auch die Vorteile der Verwendung von Hexerei als therapeutisches Werkzeug und wie das Buch den Lesern helfen wird, ihre Ziele zu erreichen, erläutert.

Der zweite Teil des Buches erklärt, wie Hexerei als therapeutisches Werkzeug verwendet werden kann. In diesem Abschnitt wird die Idee der Energie in der Hexerei-Therapie untersucht und gezeigt, wie sie für Heilung und persönliche Entwicklung genutzt werden kann. Es wird auch die Verwendung von Hexerei in der

Selbstreflexion und Innenschau, der emotionalen Heilung und der körperlichen Heilung betrachtet.

Das dritte Kapitel des Buches soll den Lesern helfen, mit der Hexerei-Therapie zu beginnen. In diesem Abschnitt wird die Bedeutung der Schaffung eines heiligen Umfelds für die Hexerei-Therapie erläutert, die Auswahl und Weihe von Werkzeugen sowie die Vorbereitung auf die Praxis. Zusätzlich wird die Bedeutung des Setzens von Absichten in der Hexerei-Therapie diskutiert und Ratschläge gegeben, wie man es erfolgreich tun kann.

Die Techniken und Praktiken für die Hexerei-Therapie sind das Thema des vierten Kapitels des Buches. In diesem Abschnitt werden verschiedene Techniken untersucht, die verwendet werden können, um persönliches Wachstum und Heilung zu fördern, einschließlich Meditation und Visualisierung, Zauberarbeit und Ritual, Wahrsagung und Tarot-Kartenlegen sowie Kräuterkunde und Aromatherapie. Jeder Ansatz wird gut erklärt, und den Lesern werden Anweisungen gegeben, wie sie ihn in ihre eigene Praxis integrieren können.

Der fünfte Abschnitt des Buches soll den Lesern beibringen, wie sie die Hexerei-Therapie für ihre persönliche Entwicklung nutzen können. In diesem Abschnitt wird betrachtet, wie die Hexerei-Therapie den Menschen helfen kann, schlechte Gewohnheiten und Verhaltensweisen zu überwinden, sich selbst besser wahrzunehmen und anzunehmen, ihre spirituelle Verbindung und Intuition zu stärken und ein stärkeres Gefühl von Selbstwert zu entwickeln. Es werden auch Ratschläge gegeben, wie man eine Gruppe von

Gleichgesinnten findet, eine tägliche Hexerei-Praxis aufbaut, eine Verbindung zur Natur und den Jahreszeiten herstellt und die Hexerei in die spirituelle Praxis integriert.

Das Fazit des Buches fasst die Vorteile der Verwendung von Hexerei als therapeutische Technik zusammen und ermutigt die Leser, die Praxis der Hexerei für ihre persönliche Entwicklung und Heilung fortzusetzen. Es bietet auch Ressourcen für weiteres Lernen und Erkundung, wie Bücher, Websites und Online-Communities.

Das übergeordnete Ziel dieses Buches ist es, den Lesern beizubringen, wie sie Hexerei als Werkzeug für Heilung und persönliche Entwicklung nutzen können. Es behandelt die vielen Techniken und Praktiken, die angewendet werden können, um Heilung und persönliches Wachstum zu fördern, während es eine gründliche Einführung in die Hexerei-Therapie gibt. Das Buch bietet einen ganzheitlichen Ansatz für psychische Gesundheit und Wohlbefinden, den jeder unabhängig von seinen spirituellen oder religiösen Ansichten übernehmen kann, indem er Elemente der Hexerei und Psychotherapie kombiniert. Ob als eigenständige Praxis oder als ergänzender Ansatz zur herkömmlichen Behandlung - dieses Buch hat das Potenzial, den Lesern zu helfen, eine tiefere Selbstwahrnehmung, emotionale Heilung und spirituelle Verbindung zu erreichen.

Kapitel I

Verständnis der Hexerei
als therapeutisches Werkzeug

Das Konzept der Energie in der Hexerei-Therapie

Die Hexerei-Therapie legt einen starken Schwerpunkt auf die Idee der Energie. In der Hexerei wird Energie als universelle Kraft betrachtet, die alles durchdringt und genutzt werden kann, um persönliches Wachstum und Heilung zu fördern. Praktizierende der Hexerei-Therapie nutzen eine Vielzahl von Methoden und Praktiken, um mit Energie umzugehen und das emotionale, körperliche und spirituelle Wohlbefinden ihrer Patienten zu fördern.

Die Idee, dass alles im Universum miteinander verbunden ist, ist eine der grundlegenden Vorstellungen von Energie in der Hexerei-Therapie. Menschen, Tiere, Pflanzen, Mineralien und sogar leblose Gegenstände sind inbegriffen. Nach dieser Ansicht besteht alles aus Energie und kommuniziert ständig miteinander. Änderungen in einem Teil des Systems können aufgrund seiner Verbindung Auswirkungen auf alle anderen Teile haben.

Die Bedeutung von Harmonie und Gleichgewicht in der Bewegung von Energie wird ebenfalls in der Hexerei-Therapie betont.

Ausgeglichene und frei fließende Energie fördert Gesundheit und Vitalität. Körperliche, emotionale oder spirituelle Krankheiten können durch blockierte oder stagnierende Energie entstehen. Die Hexerei-Therapie lehrt Einzelpersonen, wie sie mit ihrer eigenen Energie und der Energie des Universums arbeiten können, um Gleichgewicht und Fluss zu fördern.

Meditation und Visualisierung sind zwei der Hauptmethoden, die in der Hexerei-Therapie zur Arbeit mit Energie eingesetzt werden. Während der Meditation konzentrieren sich Praktizierende auf ihren Atem oder eine spezifische Vorstellung, wie etwa ein beruhigendes Bild oder eine bestimmte Farbe. Diese Konzentration fördert innere Ruhe, Entspannung und eine Offenheit für den Energiefluss.

Visualisierung wird auch verwendet, um Energie zu lenken und zu manipulieren. Praktizierende visualisieren die Bewegung von Energie durch ihren eigenen Körper oder einen bestimmten Körperteil wie den Hals oder das Herz. Sie können auch vorstellen, wie Energie in ein bestimmtes Ding oder eine Person eintritt oder diese verlässt. Diese Visualisierung hilft, den Energiefluss zu fördern, indem Blockaden oder stagnierende Energie freigesetzt werden.

Zauberarbeit und Rituale sind zwei weitere wichtige Methoden, die in der Hexerei-Therapie zur Arbeit mit Energie eingesetzt werden. Zauber und Rituale sind darauf ausgelegt, Energie zu lenken und zu manipulieren, um ein bestimmtes Ergebnis zu erzielen. Zauber können den Einsatz von Kerzen, Kristallen oder Kräutern beinhalten und darauf abzielen, Heilung, Schutz oder Fülle zu fördern. Rituale können bestimmte Bewegungen oder Gesten, die Rezitation bestimmter Worte oder Beschwörungen oder den Einsatz bestimmter Objekte oder Werkzeuge beinhalten.

Auch Wahrsagung und Tarotkartenlegen werden in der Hexerei-Therapie verwendet, um mit Energie zu arbeiten. Wahrsagungswerkzeuge wie Tarotkarten oder Runen werden eingesetzt, um Einblicke in vergangene Traumata oder negative Muster zu gewinnen und Gefühle von Trauer, Verlust oder Angst zu erkunden. Diese Werkzeuge können auch verwendet werden, um Bereiche blockierter oder stagnierender Energie zu identifizieren und Strategien zur Freisetzung dieser Energie und zur Förderung von Gleichgewicht und Fluss zu entwickeln.

Auch Kräuterkunde und Aromatherapie werden in der Hexerei-Therapie verwendet, um mit Energie zu arbeiten. Bestimmte Kräuter und ätherische Öle werden als Träger spezifischer energetischer Eigenschaften betrachtet, wie Entspannungsförderung, Stressreduktion oder Förderung der körperlichen Heilung. Diese Kräuter und Öle können in Tees, Tinkturen oder als Teil einer Meditations- oder Visualisierungspraxis inhaliert werden.

Insgesamt spiegelt das Konzept der Energie in der Hexerei-Therapie die Vorstellung wider, dass alles aus Energie besteht und ständig mit allem anderen interagiert. Indem sie mit ihrer eigenen Energie und der Energie des Universums arbeiten, können Einzelpersonen Gleichgewicht und Fluss fördern und ein größeres emotionales, körperliches und spirituelles Wohlbefinden erreichen. Durch Meditation, Visualisierung, Zauberarbeit und andere Techniken können Praktizierende der Hexerei-Therapie ein tieferes Verständnis für die energetische Natur des Universums gewinnen und diese Energie nutzen, um persönliches Wachstum und Heilung zu fördern.

Die Verwendung von Hexerei für Selbstreflexion und Innenschau

Die Verwendung von Hexerei für Selbstreflexion und Innenschau ist ein wichtiger Aspekt der Hexerei-Therapie. Selbstreflexion und Innenschau beinhalten die Untersuchung der eigenen Gedanken, Emotionen und Verhaltensweisen, um Einblicke und Bewusstsein zu erlangen. In der Hexerei-Therapie verwenden Praktizierende eine Vielzahl von Techniken und Praktiken, um Selbstreflexion und Innenschau zu fördern, darunter Meditation, Tagebuchschreiben, Wahrsagung und Rituale.

Meditation ist ein kraftvolles Werkzeug für Selbstreflexion und Innenschau. Während der Meditation konzentrieren sich Praktizierende auf ihren Atem oder eine bestimmte Visualisierung, wie zum Beispiel ein beruhigendes Bild oder eine bestimmte Farbe. Diese Konzentration hilft dabei, den Geist zu beruhigen und einen Zustand der Entspannung und Offenheit für die Selbstexploration zu fördern. Praktizierende können auch geführte Meditationen speziell für die Selbstreflexion verwenden, die sich darauf konzentrieren, die innere Landschaft zu erforschen oder eine bestimmte Archetyp zu entdecken.

Das Tagebuchschreiben ist ein weiteres wirksames Werkzeug für Selbstreflexion und Innenschau. Indem man seine Gedanken und Gefühle auf Papier bringt, gewinnt man Klarheit und Einblicke in die innere Landschaft. Tagebuchschreiben kann auch dazu verwendet werden, Fortschritte zu verfolgen, Muster zu identifizieren und Emotionen zu erkunden, die verbal schwer auszudrücken sind.

Die Wahrsagung ist ein wirksames Mittel, um Einblicke in sich selbst zu gewinnen. Wahrsagungswerkzeuge wie Tarotkarten oder Runen können verwendet werden, um Einblicke in vergangene Traumata oder negative Muster zu gewinnen und Gefühle von Trauer, Verlust oder Angst zu erkunden. Diese Werkzeuge können auch dazu verwendet werden, Bereiche blockierter oder stagnierender Energie zu identifizieren und Strategien zu entwickeln, um diese Energie freizusetzen und Gleichgewicht und Fluss zu fördern.

Rituale können ebenfalls für Selbstreflexion und Innenschau verwendet werden. Praktizierende können Rituale speziell für die Selbstexploration gestalten, zum Beispiel solche, die sich darauf konzentrieren, negative Muster loszulassen oder mit dem inneren Kind in Kontakt zu treten. Die Verwendung von Symbolen und Metaphern während der Rituale kann Praktizierenden helfen, ein tieferes Verständnis ihrer Emotionen und Verhaltensweisen zu gewinnen und Bereiche zu identifizieren, die weiter erforscht werden müssen.

Ein weiterer wichtiger Aspekt bei der Verwendung von Hexerei für Selbstreflexion und Innenschau ist die Betonung der persönlichen Verantwortung. Hexerei betont die Idee, dass Individuen für ihre eigenen Gedanken, Emotionen und Verhaltensweisen verantwortlich sind. Indem sie Verantwortung für ihr eigenes Handeln und Reagieren übernehmen, können Praktizierende ein tieferes Verständnis von sich selbst gewinnen und neue Bewältigungsstrategien entwickeln.

Im Allgemeinen betont die Verwendung von Hexerei für Innenschau und Selbstreflexion die Bedeutung der Entwicklung von Bewusstsein und Einsicht in die innere Welt. Praktizierende der Hexerei-Therapie können durch die Verwendung einer Vielzahl von Techniken und Praktiken ihre Gedanken, Gefühle und Handlungen besser verstehen. Durch Rituale, Wahrsagung, Tagebuchschreiben und Meditation können sie auch neue Bewältigungsmechanismen und zwischenmenschliche Beziehungen entwickeln. Praktizierende können Selbstbewusstsein, Selbstakzeptanz sowie persönliches Wachstum und Heilung fördern.

Wie Hexerei bei der emotionalen Heilung helfen kann

Hexerei-Therapie kann ein kraftvolles Werkzeug für emotionale Heilung sein. Hexerei-Therapie fördert ganzheitliche Heilung und Wohlbefinden, indem sie traditionelle Psychotherapie mit Spiritualität und alternativen Heilungsmethoden kombiniert. Durch die Arbeit mit Energie, Symbolen, Ritualen und Absicht können Praktizierende der Hexerei-Therapie Einzelpersonen helfen, emotionale Traumata zu heilen und neue Bewältigungsfähigkeiten zu entwickeln.

Eine der wichtigsten Möglichkeiten, wie Hexerei bei der emotionalen Heilung helfen kann, besteht darin, einen sicheren und unterstützenden Raum zu schaffen, in dem Individuen ihre Emotionen erkunden und ausdrücken können. Hexerei betont den Wert der Schaffung eines heiligen Raums für die Therapie, in dem Menschen sich wohl fühlen, ihre Gedanken und Gefühle ohne Angst vor Bewertung teilen zu können. Für diejenigen, die Traumata erlebt haben oder mit starken Emotionen umgehen, kann dies besonders wichtig sein.

In der Hexerei-Therapie sind auch Visualisierung und Meditation effektive Techniken zur emotionalen Rehabilitation. Durch Meditation kann ein stärkeres Gefühl innerer Ruhe und Gelassenheit erreicht werden, und die Praxis der Achtsamkeit kann die Fähigkeit zur Kontrolle der Emotionen verbessern. Die Visualisierung ist ein Werkzeug, das Menschen verwenden können, um ihre Emotionen auf eine sichere und kontrollierte Weise zu erforschen. Es kann auch helfen, negative Emotionen loszulassen und optimistischere Selbstgespräche und Bewältigungsmechanismen zu entwickeln.

In der Hexerei-Therapie können Rituale auch dazu beitragen, dass Einzelpersonen emotional heilen. Rituale können verwendet werden, um wichtige Lebensereignisse, wie Übergänge oder Trauer, zu markieren, und können dazu beitragen, negative Emotionen freizusetzen und positive Emotionen, wie Dankbarkeit oder Selbstliebe, zu fördern. Praktizierende können auch Rituale speziell für die emotionale Heilung gestalten, wie solche, die sich auf das Loslassen negativer Muster oder die Verbindung mit dem inneren Kind konzentrieren.

Auch Wahrsagung und Tarotkartenlegen können in der Hexerei-Therapie zur Förderung der emotionalen Heilung eingesetzt werden. Diese Werkzeuge können verwendet werden, um Einblicke in vergangene Traumata oder negative Muster zu gewinnen und Gefühle von Trauer, Verlust oder Angst zu erkunden. Praktizierende können mit Klienten zusammenarbeiten, um Muster und Auslöser zu identifizieren und Strategien zur Bewältigung schwieriger Emotionen zu entwickeln.

Zauberarbeit kann ebenfalls zur Förderung der emotionalen Heilung in der Hexerei-Therapie eingesetzt werden. Zauber können entworfen werden, um emotionale Heilung zu fördern und negative Emotionen freizusetzen, wie zum Beispiel Zauber für Selbstliebe oder Schutz. Praktizierende können mit Klienten zusammenarbeiten, um ihre Absichten zu identifizieren und Zauber zu entwickeln, die auf ihre spezifischen Bedürfnisse zugeschnitten sind.

Auch Kräuterkunde und Aromatherapie sind kraftvolle Werkzeuge zur emotionalen Heilung in der Hexerei-Therapie. Bestimmte

Kräuter und ätherische Öle werden als Träger spezifischer emotionaler Eigenschaften betrachtet, wie Entspannungsförderung, Stressreduktion oder Förderung der emotionalen Heilung. Praktizierende können mit Klienten zusammenarbeiten, um die Kräuter und Öle zu identifizieren, die am besten für ihre emotionalen Bedürfnisse geeignet sind, und persönliche Heilmittel wie Tees oder Öle zu entwickeln.

Insgesamt kann die Hexerei-Therapie ein kraftvolles Werkzeug zur emotionalen Heilung sein. Durch die Arbeit mit Energie, Symbolen, Ritualen und Absicht können Praktizierende der Hexerei-Therapie Einzelpersonen helfen, emotionale Traumata zu heilen und neue Bewältigungsfähigkeiten zu entwickeln. Durch Meditation, Visualisierung, Rituale, Wahrsagung, Zauberarbeit und Kräuterkunde können Praktizierende emotionale Heilung und Wohlbefinden fördern für Einzelpersonen, die eine tiefere Verbindung zu sich selbst und zur Welt um sie herum suchen.

Wie Hexerei bei der körperlichen Heilung helfen kann

Hexerei kann ein kraftvolles Werkzeug für die körperliche Heilung sein. Hexerei-Therapie kombiniert Elemente der traditionellen Medizin, Energiearbeit und spirituelle Praktiken, um ganzheitliche Heilung und Wohlbefinden zu fördern. Durch die Arbeit mit Energie, Kräutern und Absicht können Praktizierende der Hexerei-Therapie Einzelpersonen bei der Heilung von körperlichen Beschwerden helfen und ein größeres Gefühl körperlichen Wohlbefindens fördern.

Indem sie Entspannung und Stressreduktion fördert, kann Hexerei auf mehrere wichtige Arten zur körperlichen Heilung beitragen. Hexerei-Therapie kann dazu beitragen, Stress zu reduzieren und körperliche Heilung zu fördern, da Stress negative Auswirkungen auf die körperliche Gesundheit haben kann. Besonders hilfreiche Techniken zur Förderung von Entspannung und Stressabbau sind Visualisierung und Meditation. Praktizierende können mit Patienten zusammenarbeiten, um die Körperregionen zu identifizieren, die von Stress betroffen sind, und individuelle Visualisierungs- oder Meditationsroutinen zu entwickeln, um Heilung und Entspannung zu fördern.

Ein weiteres wirksames Mittel zur körperlichen Heilung, das in der Hexerei-Therapie verwendet wird, ist die Kräuterkunde. Es wird angenommen, dass bestimmte Kräuter bestimmte Heilungseigenschaften haben und zur Förderung der körperlichen Heilung verwendet werden können. Zum Beispiel wird Kamille oft zur Entspannung und für besseren Schlaf verwendet, während Ingwer für die Verdauung und Entzündung eingesetzt wird. Praktizierende können mit Klienten zusammenarbeiten, um die spezifischen Kräuter zu identifizieren, die am besten für ihre körperlichen Bedürfnisse geeignet sind, und persönliche Heilmittel wie Tees oder Tinkturen zu entwickeln.

Aromatherapie ist ebenfalls ein kraftvolles Werkzeug zur körperlichen Heilung in der Hexerei-Therapie. Ätherische Öle werden angenommen, spezifische Heileigenschaften zu haben und können zur Förderung der körperlichen Heilung verwendet werden. Zum Beispiel wird Lavendel oft zur Entspannung und für besseren

Schlaf verwendet, während Eukalyptus bei Atemwegsproblemen eingesetzt wird. Praktizierende können mit Klienten zusammenarbeiten, um die spezifischen ätherischen Öle zu identifizieren, die am besten für ihre körperlichen Bedürfnisse geeignet sind, und persönliche Heilmittel wie Massageöle oder Inhalatoren zu entwickeln.

Energiearbeit ist ein weiterer wichtiger Aspekt der körperlichen Heilung in der Hexerei-Therapie. Praktizierende können mit Klienten zusammenarbeiten, um Bereiche blockierter oder stagnierender Energie zu identifizieren und Energiearbeitstechniken wie Reiki zu verwenden, um den Energiefluss zu fördern und die körperliche Heilung zu unterstützen. Energiearbeit kann auch zur Entspannung und Stressreduktion eingesetzt werden, was sich positiv auf die körperliche Gesundheit auswirken kann.

Zauberarbeit und Rituale können ebenfalls zur Förderung der körperlichen Heilung in der Hexerei-Therapie verwendet werden. Zauber und Rituale können entworfen werden, um die körperliche Heilung zu fördern, wie zum Beispiel Zauber zur Schmerzlinderung oder Rituale für ein positives Körpergefühl. Praktizierende können mit Klienten zusammenarbeiten, um ihre Absichten zu identifizieren und Zauber und Rituale zu entwickeln, die auf ihre spezifischen Bedürfnisse zugeschnitten sind.

Insgesamt kann die Hexerei-Therapie ein kraftvolles Werkzeug zur körperlichen Heilung sein. Durch die Arbeit mit Energie, Kräutern und Absicht können Praktizierende der Hexerei-Therapie Einzelpersonen bei der Heilung von körperlichen Beschwerden helfen und ein größeres Gefühl körperlichen Wohlbefindens fördern. Durch Meditation, Visualisierung, Kräuterkunde, Aromatherapie, Energiearbeit, Zauberarbeit und Rituale können Praktizierende körperliche Heilung und Wohlbefinden fördern für Einzelpersonen, die eine tiefere Verbindung zu sich selbst und zur Welt um sie herum suchen.

Kapitel II

Einstieg in
die Hexerei-Therapie

Das Schaffen eines heiligen Raumes für die Hexerei-Therapie

Ein wichtiger Bestandteil der Hexerei-Therapie, der zur Schaffung eines Umfelds von Sicherheit, Verbindung und Selbststärkung beiträgt, ist die Erschaffung eines heiligen Ortes. Ein physischer oder emotionaler Bereich, der speziell für Heilung, persönliche Entwicklung und Selbsterkenntnis reserviert ist, wird als heiliger Raum bezeichnet. Praktizierende der Hexerei-Therapie können Patienten dabei unterstützen, sich während der Therapiesitzungen unterstützt, validiert und verstanden zu fühlen, indem sie bei der Schaffung eines heiligen Raums helfen.

Die Schaffung eines heiligen Raums besteht aus der Festlegung einer Absicht und der Gestaltung einer Umgebung, die diese Absicht sowohl physisch als auch emotional widerspiegelt. Die Festlegung einer Absicht ist entscheidend für die Schaffung eines heiligen Raums, da sie die Hauptfunktion und Energie des Raums bestimmt. Die Absicht kann spezifisch für die Sitzung des Klienten sein oder sie kann breiter sein und für alle Therapiesitzungen gelten. Die Absicht des heiligen Raums kann darin bestehen, eine förderliche Umgebung zu schaffen, die Heilung erleichtert, spirituelle Verbindung und Erforschung fördert oder ein Gefühl von Sicherheit und Stärkung fördert.

Ein weiterer wichtiger Bestandteil bei der Schaffung eines heiligen Raums ist der physische Raum. Der physische Raum sollte aufgeräumt, frei von Ablenkungen und so gestaltet sein, dass er Komfort und Entspannung fördert. Praktizierende sollten bequeme Stühle, sanftes Licht und beruhigende Musik anbieten, um eine friedliche und entspannende Umgebung zu schaffen. Um die Energie des Raums zu verbessern, können Praktizierende auch persönliche Symbole und Gegenstände wie Kristalle, Kerzen oder spirituelle Objekte hinzufügen.

Ein weiteres wichtiges Element bei der Schaffung eines heiligen Raums ist der emotionale Raum. Dabei geht es um die Energie und emotionale Atmosphäre des Raums, die genauso wichtig ist wie der physische Raum. Praktizierende sollten während der Therapiesitzungen präsent, aufmerksam und nicht wertend sein und Unterstützung, Empathie und Unterstützung für Einzelpersonen anbieten. Durch aktives Zuhören und Validierung können Praktizierende ein Gefühl von Verbindung und Vertrauen bei der Einzelperson fördern, was für die Schaffung eines sicheren und unterstützenden emotionalen Raums unerlässlich ist.

Ein heiliger Raum kann für die Hexerei-Therapie durch wirksame Werkzeuge wie Meditation und Visualisierung geschaffen werden. Indem sie Menschen durch Visualisierungs- oder Meditationsübungen führen, die Entspannung und Ruhe fördern, können Praktizierende sie mit ihrem inneren Selbst verbinden und ein Gefühl von Frieden und Gelassenheit erlangen. Individuen können den heiligen Raum in ihren Köpfen visualisieren, indem sie an Visualisierungsübungen teilnehmen, die es ihnen ermöglichen, sich in einer friedlichen und ermutigenden Umgebung zu sehen.

Rituale und Zauber können auch verwendet werden, um einen heiligen Raum für die Hexerei-Therapie zu schaffen. Diese Techniken können Einzelpersonen spirituell stärken und ein Gefühl von spiritueller Verbindung fördern, indem sie ihnen dabei helfen, sich mit der Absicht des Raums zu verbinden. Praktizierende können Rituale oder Zauber entwerfen, die das Anzünden von Kerzen oder Weihrauch beinhalten, die Verwendung spezifischer Objekte oder Symbole oder das Ausführen spezifischer Handlungen, die ein Gefühl von Verbindung und Erdung fördern. Diese Techniken können für jede Person personalisiert werden und bei Heilung, Entwicklung und Selbsterkenntnis helfen.

Die Vorteile der Schaffung eines heiligen Raums für die Hexerei-Therapie sind vielfältig. Einzelpersonen können sich in einem heiligen Raum entspannter und wohler fühlen, was eine größere Offenheit und eine tiefere Erforschung von Gefühlen und Erfahrungen fördert. Indem sie Menschen dabei unterstützt, sich mit ihrem inneren Selbst zu verbinden und auf ihre natürlichen Heilungsfähigkeiten zuzugreifen, kann der heilige Raum auch ein Gefühl von spiritueller Stärkung fördern. Der heilige Raum kann auch ein Gefühl von Gemeinschaft und Unterstützung fördern und eine Umgebung schaffen, in der Einzelpersonen gehört, verstanden und validiert werden.

Praktizierende der Hexerei-Therapie können einen heiligen Raum schaffen, der ihren Bedürfnissen und Vorlieben entspricht, indem sie eine Reihe von Strategien und Ritualen verwenden. Hier sind einige zusätzliche Methoden, die zur Schaffung eines heiligen Raums für die Hexerei-Therapie verwendet werden können:

Smudging

Smudging ist eine rituelle Praxis, die das Verbrennen von Salbei, Palo Santo oder anderen Kräutern beinhaltet, um die Energie eines Raums zu reinigen. Diese Praxis wird oft zu Beginn einer Therapiesitzung verwendet, um negative Energie zu klären und die Absicht für den heiligen Raum festzulegen. Smudging kann ein kraftvolles Werkzeug sein, um ein Gefühl von Ruhe und Reinigung im Raum zu schaffen, und es kann auch eine spirituelle Verbindung und Erdung fördern.

Altäre

Ein Altar ist ein Raum, der für spirituelle oder rituelle Zwecke reserviert ist, und er kann ein kraftvolles Werkzeug sein, um einen heiligen Raum für die Hexentherapie zu schaffen. Altäre können einfach oder aufwändig sein und Gegenstände wie Kerzen, Kristalle, Statuen oder andere spirituelle Objekte enthalten. Therapeuten können mit Einzelpersonen zusammenarbeiten, um einen Altar zu schaffen, der ihre Absicht für den heiligen Raum widerspiegelt und Objekte enthält, die für sie von Bedeutung sind.

Klangheilung

Die Verwendung von Klängen, wie sie von Klangschalen, Gongs oder Klangspielen erzeugt werden, um Heilung und Entspannung zu fördern, nennt man Klangheilung. Praktiker können Klangheilungstechniken einsetzen, um ein Gefühl von Gelassenheit und Harmonie in den heiligen Raum zu bringen, um Entspannung und eine stärkere Verbindung zu sich selbst und der Umwelt zu fördern.

Geführte Vorstellungsbilder

Geführte Vorstellungsbilder sind eine Praxis, die Visualisierung nutzt, um Heilung und Entspannung zu fördern. Praktiker können eine Visualisierungspraxis leiten, die es Menschen ermöglicht, eine Verbindung zu ihrem inneren Selbst herzustellen und ihre inneren Heilungskräfte zu nutzen. In einem heiligen Raum kann geführte Vorstellungsbilder ein wirksames Mittel sein, um Ruhe und Entspannung zu fördern und Menschen zu ermöglichen, ihre Gefühle und Erfahrungen intensiver zu erforschen.

Heilige Gegenstände

Praktiker können heilige Gegenstände in den heiligen Raum einbringen, um ein Gefühl von Verbindung und Erdung zu fördern. Heilige Gegenstände können Kristalle, Talismane oder andere Objekte umfassen, die eine persönliche oder spirituelle Bedeutung haben. Diese Objekte können dazu dienen, ein Gefühl von Ruhe und Verbundenheit im Raum zu fördern und den Menschen während der Therapiesitzungen mehr Komfort und Leichtigkeit zu vermitteln.

Insgesamt ist die Schaffung eines heiligen Raums ein wesentlicher Bestandteil der Hexentherapie, der den Menschen hilft, sich während der Therapiesitzungen wohler, sicherer und unterstützt zu fühlen. Durch den Einsatz von Praktiken wie Smudging, Altären, Klangheilung, geführten Vorstellungsbildern und heiligen Gegenständen können Einzelpersonen einen heiligen Raum schaffen, der ihre Absicht widerspiegelt und Heilung, Wachstum und Selbsterforschung fördert. Durch die Zusammenarbeit mit einem Praktiker der Hexentherapie können Einzelpersonen einen individuellen Ansatz zur Schaffung eines heiligen Raums entwickeln, der ihren einzigartigen Bedürfnissen und Vorlieben entspricht.

Die Auswahl und Weihe von Werkzeugen für die Hexerei-Therapie

Die Auswahl und Weihe von Werkzeugen für die Hexentherapie ist ein wichtiger Aspekt der Praxis. Werkzeuge können dazu verwendet werden, die Absicht zu fokussieren, Energie zu bündeln und Heilung und Wachstum zu fördern. Durch die Auswahl und Weihe von Werkzeugen können Einzelpersonen eine tiefere Verbindung zur Praxis der Hexentherapie herstellen und ein stärkeres Gefühl von Stärke und spiritueller Verbundenheit fördern.

Die Auswahl von Werkzeugen für die Hexentherapie

Die Hexentherapie ist eine Methode, die Menschen mit dem Göttlichen und der natürlichen Welt verbindet, um persönliche Entwicklung und Heilung zu fördern. Obwohl es keinen einheitlichen Ansatz für die Hexentherapie gibt, verwenden Praktizierende häufig bestimmte Werkzeuge in ihrer Praxis. In diesem Abschnitt werden einige der beliebtesten Werkzeuge der Hexentherapie vorgestellt und wie sie Menschen dabei helfen können zu wachsen und zu heilen.

Altar

Ein Altar ist der zentrale Punkt einer Hexentherapie-Praxis, an dem Praktizierende ihre Energie und Absicht lenken und eine Verbindung zum Göttlichen herstellen können. Ein Altar kann einfach oder aufwendig gestaltet sein und Gegenstände wie Kerzen, Kristalle, Weihrauch und Statuen oder Bilder von Gottheiten enthalten. Der Altar sollte sauber und ordentlich gehalten werden und ein Ort der Ehrfurcht und des Respekts sein.

Kerzen

Kerzen werden in der Hexentherapie oft verwendet, um das Element Feuer zu repräsentieren und als Fokus für Meditation und Ritual zu dienen. Unterschiedliche Farben von Kerzen können verschiedene Absichten oder Energien darstellen, wie zum Beispiel Rot für Leidenschaft, Grün für Fülle oder Blau für Frieden. Kerzen können während der Meditation oder bei Ritualen angezündet werden oder in Zauberarbeiten verwendet werden, um Absichten zu verstärken.

Kristalle

Kristalle sind natürliche Steine, denen heilende Eigenschaften zugeschrieben werden und die in der Hexentherapie oft zur Unterstützung persönlichen Wachstums und Heilung verwendet werden. Unterschiedliche Kristalle werden unterschiedlichen Eigenschaften zugeschrieben, wie z.B. Amethyst für spirituelles Wachstum, Rosenquarz für emotionale Heilung oder Citrin für Fülle. Kristalle können als Schmuck getragen, in der Tasche oder einem Beutel mitgeführt oder auf einem Altar oder in einem heiligen Raum platziert werden.

Tarotkarten

Tarotkarten sind ein Werkzeug für Divination und Orientierung und werden in der Hexentherapie häufig verwendet, um Einblicke in persönliche Anliegen und Herausforderungen zu erhalten. Jede Karte hat eine andere Bedeutung und Symbolik und kann je nach Praktizierendem und Situation auf verschiedene Weise interpretiert werden. Tarot-Lesungen können für sich selbst oder andere durchgeführt werden und können in unsicheren oder verwirrenden Zeiten Richtung und Klarheit bieten.

Kräuter

Kräuter sind organische Pflanzen mit medizinischen und magischen Eigenschaften, die häufig in der Hexentherapie verwendet werden. Zum Beispiel wird Lavendel zur Entspannung verwendet, während Kamille Schlaf fördern soll und Salbei als reinigend gilt. Es gibt verschiedene Möglichkeiten, Kräuter zu verwenden, wie z.B. als Räucherwerk, Bäder oder Tees.

Athame

Ein Athame ist ein rituelles Messer, das in der Hexentherapie oft das Element Luft repräsentiert und verwendet wird, um Energie und Absicht zu lenken. Ein Athame hat oft einen schwarzen Griff und eine zweischneidige Klinge. In Ritualen wird es verwendet, um einen Kreis zu ziehen, Energie zu fokussieren und schädliche Kräfte auszusenden.

Zauberstab

In der Hexentherapie ist ein Zauberstab ein Werkzeug, das verwendet wird, um Energie und Absicht zu fokussieren und magische Arbeiten zu verstärken. Zauberstäbe können aus verschiedenen Materialien wie Metall, Holz und Kristall gefertigt sein und mit Inschriften oder Symbolen verziert werden. Zauberstäbe werden häufig bei Ritualen und Zauberarbeiten eingesetzt. Sie können verwendet werden, um Energie zu lenken, Symbole oder Sigillen in die Luft zu zeichnen oder Gegenstände zu segnen.

Glocken

In der Hexentherapie werden Glocken häufig verwendet, um das Element Luft zu symbolisieren und heilige Räume zu reinigen und zu schützen. Das Läuten einer Glocke wird in Ritualen und Meditationen verwendet, um Ruhe und Gelassenheit zu fördern, da es schlechte Energie vertreibt und einen Raum reinigt.

Pendel

Ein Pendel ist ein Werkzeug, das in der Divination verwendet wird und in der Hexentherapie oft zur Gewinnung von Erkenntnissen und Orientierung eingesetzt wird. Ein Pendel ist ein Gewicht, das an einer Kette oder einem Band befestigt ist und über eine Oberfläche wie einen Tisch oder eine Tabelle gehalten wird. Der Praktizierende stellt Ja- oder Nein-Fragen, und das Pendel schwingt als Antwort, um die Antwort anzuzeigen.

Buch der Schatten

Ein Buch der Schatten ist ein persönliches Tagebuch, das von Hexen verwendet wird, um ihre Erfahrungen, Zauber, Rituale und andere Aspekte ihrer Praxis aufzuzeichnen. Es kann auch Informationen über Gottheiten, Kräuter, Kristalle und andere

Werkzeuge enthalten, die in der Hexentherapie verwendet werden. Das Buch der Schatten ist ein sehr persönliches und privates Dokument und wird oft über Generationen von Hexen weitergegeben.

Räucherwerk

Räucherwerk ist eine duftende Substanz, die in der Hexentherapie oft verbrannt wird, um einen Raum zu reinigen und zu klären und eine beruhigende und heilige Atmosphäre zu schaffen. Unterschiedliche Düfte werden als unterschiedliche Eigenschaften betrachtet, wie zum Beispiel Lavendel zur Entspannung, Sandelholz zur Reinigung oder Weihrauch zum Schutz.

Kessel

Große Metalltöpfe, genannt Kessel, werden in der Hexentherapie häufig verwendet, um das Element Wasser zu symbolisieren und Feuer für Rituale und Zauberarbeiten zu halten. Kessel können verwendet werden, um Mischungen und Tränke herzustellen, Kerzen oder Pflanzen zu halten oder Räucherwerk zu verbrennen.

Die Hexentherapie nutzt eine Vielzahl von Werkzeugen, die alle den Bedürfnissen und Vorlieben des jeweiligen Praktizierenden angepasst werden können. Manche Praktizierende verwenden alle oben genannten Werkzeuge, während andere nur einige wenige nutzen oder sogar ihre eigenen einzigartigen Werkzeuge und Methoden entwickeln. Das Ziel, die Energie und die Bereitschaft des Praktizierenden, sich mit dem Göttlichen und der natürlichen Welt für persönliches Wachstum und Heilung zu verbinden, sind die entscheidenden Komponenten der Hexentherapie.

Das Weihen von Werkzeugen für die Hexentherapie

In der Hexentherapie werden Werkzeuge oft verwendet, um Energie und Absicht zu kanalisieren und einen heiligen Raum für persönliches Wachstum und Heilung zu schaffen. Diese Werkzeuge können Kristalle, Kerzen, Tarotkarten, Zauberstäbe, Athamen und viele andere umfassen. Um die Kraft und Wirksamkeit dieser Werkzeuge zu verstärken, ist es üblich, sie zu weihen, d.h. mit positiver Energie und Absicht zu versehen.

Die Weihung ist ein ritueller Prozess, der Reinigung, Aufladung und Widmung des Werkzeugs für einen bestimmten Zweck beinhaltet. Dieser Prozess wird oft vor der Verwendung eines neuen Werkzeugs oder wenn ein Werkzeug längere Zeit nicht benutzt wurde, durchgeführt. Im Folgenden sind einige gängige Methoden zur Weihung von Werkzeugen in der Hexentherapie aufgeführt.

Reinigung

Der erste Schritt bei der Weihung eines Werkzeugs besteht darin, es von negativen oder unerwünschten Energien zu reinigen. Dies kann mit verschiedenen Methoden geschehen, wie zum Beispiel Räuchern mit Salbei, Reinigen mit Salz oder Waschen mit Wasser. Der Reinigungsprozess sollte mit Absicht und dem Glauben durchgeführt werden, dass das Werkzeug gereinigt und für seinen vorgesehenen Zweck vorbereitet wird.

Aufladung

Nachdem das Werkzeug gereinigt wurde, folgt der nächste Schritt, es mit positiver Energie und Absicht aufzuladen. Dies kann geschehen, indem man das Werkzeug in den Händen hält und sich vorstellt, wie ein helles weißes Licht es umgibt, oder indem man das Werkzeug in das Sonnenlicht oder Mondlicht legt, um positive Energie aufzunehmen. Die Aufladung kann auch durch gesprochene Worte erfolgen, wie das Aufsagen eines Chants oder Gebets oder durch das Spielen von Musik oder Singen über das Werkzeug.

Widmung

Der letzte Schritt bei der Weihung eines Werkzeugs besteht darin, es einem bestimmten Zweck oder einer bestimmten Absicht zu widmen. Dies kann durch gesprochene Worte oder schriftliche Absichten geschehen, wie zum Beispiel zu erklären, dass das Werkzeug dem Dienst des Göttlichen oder einer bestimmten Gottheit oder einem bestimmten Geist gewidmet wird. Indem das Werkzeug auf diese Weise gewidmet wird, wird es mit einem bestimmten Zweck und einer bestimmten Energie versehen und seine Kraft wird auf diesen Zweck ausgerichtet.

Elementare Weihung

Eine weitere gängige Methode zur Weihung von Werkzeugen in der Hexentherapie ist die elementare Weihung. Dabei werden die vier Elemente Erde, Luft, Feuer und Wasser herbeigerufen und das Werkzeug mit ihren Energien geweiht. Zum Beispiel könnte ein Kristall geweiht werden, indem man ihn auf eine Schicht Erde legt, ihn mit Räucherwerk umfächelt, um Luft zu repräsentieren, eine Kerze anzündet, um Feuer zu repräsentieren, und ihn mit Wasser besprenkelt, um Wasser zu repräsentieren.

Intentionale Weihung

Die intentionale Weihung beinhaltet das Festlegen einer bestimmten Absicht oder eines bestimmten Zwecks für das Werkzeug und die Übertragung dieser Energie durch Visualisierung, gesprochene Worte oder Ritual. Ein Zauberstab könnte zum Beispiel für die Heilung geweiht werden, indem man ihn hält und sich vorstellt, wie Heilungsenergie durch ihn fließt, oder indem man ein Gebet oder eine Affirmation aufsagt, die seinen beabsichtigten Zweck bekräftigt.

Salbung

Die Salbung ist eine Methode zur Weihung eines Werkzeugs durch die Verwendung von Ölen oder anderen Substanzen, um es mit positiver Energie und Absicht zu erfüllen. Dies kann geschehen, indem man das Werkzeug mit einem bestimmten Öl salbt, wie zum Beispiel Lavendel zur Entspannung oder Rosmarin zur Reinigung, oder indem man eine spezielle Ölmischung erstellt, die mit dem beabsichtigten Zweck des Werkzeugs in Einklang steht.

Insgesamt ist die Weihung von Werkzeugen in der Hexentherapie ein kraftvoller und wichtiger Prozess, der dazu beiträgt, ihre Energie und Absicht auf bestimmte Zwecke zu konzentrieren. Es gibt viele verschiedene Methoden und Techniken zur Weihung von Werkzeugen, und Praktizierende sollten die Methoden wählen, die mit ihnen und ihrer spezifischen Praxis in Resonanz stehen. Durch die Weihung ihrer Werkzeuge können Praktizierende deren Wirksamkeit und Potenz erhöhen und eine stärkere Verbindung zur natürlichen Welt und dem Göttlichen herstellen.

Sich auf die Hexerei-Therapie vorbereiten

Die Vorbereitung auf die Hexentherapie ist ein wesentlicher Schritt im Prozess der Heilung und des persönlichen Wachstums. Die Hexentherapie kann ein kraftvolles Werkzeug sein, um deine Emotionen und Erfahrungen zu erforschen, erfordert jedoch eine gewisse Vorbereitung, Offenheit und Bereitschaft, sich mit der Praxis zu beschäftigen. Du kannst die folgenden Maßnahmen ergreifen, um dich auf die Hexentherapie vorzubereiten:

1. Setze deine Absicht

Indem du festlegst, was du mit deiner Praxis erreichen möchtest und deine Energie und Aufmerksamkeit dorthin lenkst, kannst du deine Absicht setzen. Es gibt mehrere Möglichkeiten, dies zu tun, einschließlich Tagebuchschreiben, Meditation oder Visualisierung. Hier sind einige Hinweise und Methoden, um deine Absicht während der Hexentherapie zu fokussieren.

Setze dein Ziel fest

Bestimme als ersten Schritt bei der Festlegung deiner Absicht die Ziele, die du für deine Praxis hast. Dies könnte ein spezifisches Ziel wie die Bewältigung eines vergangenen Traumas sein oder es könnte eine allgemeine Absicht wie die Entwicklung von Selbstakzeptanz und Liebe sein. Nimm dir etwas Zeit, um über die Ziele deiner Praxis nachzudenken, und liste sie dann in einem Tagebuch oder auf einem Blatt Papier auf.

Visualisiere deine Absicht

Das Visualisieren deiner Absicht kann helfen, sie lebendiger und greifbarer zu machen. Schließe deine Augen und setze dich an einen ruhigen Ort. Konzentriere dich dann so genau wie möglich auf dein gewünschtes Ergebnis. Denke darüber nach, wie es sich anfühlen würde, dein Ziel zu erreichen, und wie sich dein Leben danach verändern könnte. Diese Visualisierung kann dir helfen, motiviert zu bleiben, fokussiert zu bleiben und deine Energie in Richtung deines Ziels zu lenken.

Schreibe eine Absichtserklärung

Dein Ziel kann klarer und kraftvoller werden, wenn du es schriftlich festhältst. Schreibe einen kurzen, prägnanten Satz, der dein Ziel genau beschreibt, wie zum Beispiel "Ich überwinde mein vergangenes Trauma und kultiviere Selbstliebe und Akzeptanz." Du kannst diese Aussage vor Beginn eines Rituals oder einer Übung wiederholen, um dein Ziel im Auge zu behalten.

Verwende Affirmationen

Affirmationen sind positive Aussagen, die dazu beitragen können, dein Unterbewusstsein umzuprogrammieren und deine Energie auf dein Ziel auszurichten. Wähle einige Affirmationen, die zu deinem Ziel passen, wie zum Beispiel "Ich bin stark und fähig zur Heilung" oder "Ich bin würdig von Liebe und Akzeptanz." Du kannst diese Affirmationen entweder laut zu dir selbst sagen, während des Tages oder sie aufschreiben und an einem gut sichtbaren Ort platzieren, damit du sie sehen kannst.

Erschaffe einen heiligen Raum

Das Etablieren eines heiligen Umfeldes kann die Wirksamkeit deiner Praxis verbessern und Ruhe und Aufmerksamkeit fördern. Wähle einen Ort, der ruhig und einladend ist, an dem du ungestört üben kannst, und gestalte ihn mit Kerzen, Kristallen oder Pflanzen, die für dich eine besondere Bedeutung haben. Dieser Bereich sollte deine Absichten repräsentieren und ein Gefühl der Gemeinschaft mit dem Göttlichen und der natürlichen Welt fördern.

Praktiziere Meditation

Meditation ist ein kraftvolles Werkzeug, um Fokus und Klarheit zu schaffen und deine Energie auf deine Absicht auszurichten. Widme jeden Tag einige Minuten der Meditation, indem du dich auf deinen Atem konzentrierst und das gewünschte Ergebnis visualisierst. Diese Übung kann dir helfen, deine Gedanken zu klären, innere Ruhe zu finden und deine Energie in Richtung deiner Wünsche zu lenken.

2. Bilde dich weiter

Bücher und Artikel lesen, an Workshops und Seminaren teilnehmen und das Wissen erfahrener Praktizierender aufnehmen sind alles Teil der Bildung über Hexerei. Hier sind einige Ratschläge und Methoden, um mehr über Hexerei zu erfahren und auf die Hexentherapie vorbereitet zu sein.

Bücher und Artikel lesen

Eine der besten Möglichkeiten, um mehr über Hexerei zu lernen, ist das Lesen von Büchern und Artikeln. Wähle Publikationen aus, die eine Vielzahl von Themen behandeln, wie die Geschichte der Hexerei, die Grundlagen von Magie und Ritual oder spezifische Methoden und Verfahren. Es gibt viele großartige Bücher zu diesem Thema, wie "Witchcraft Today" von Gerald Gardner, "Drawing Down the Moon" von Margot Adler und "The Witch's Book of Shadows" von Phyllis Curott.

Workshops und Seminare besuchen

Eine weitere hervorragende Möglichkeit, sich über Hexerei zu bilden, ist die Teilnahme an Workshops und Vorträgen. Besuche Online-Konferenzen und Webinare oder suche nach lokalen Workshops und Seminaren. Diese Treffen können ein Gefühl der Gemeinschaft und Verbundenheit fördern und bieten wertvolle Ratschläge von erfahrenen Praktizierenden.

Finde einen Mentor

Das Finden eines Mentors kann eine hilfreiche Strategie sein, um dein Wissen über Hexerei zu erweitern. Suche nach erfahrenen Profis in deiner Umgebung oder vernetze dich online über soziale

Medien oder Diskussionsforen. Ein Mentor kann mit Rat und Unterstützung, sowie Fragen und praxisbezogenen Rückmeldungen helfen.

Praktiziere Achtsamkeit

Die Wirksamkeit deiner Praxis kann durch Achtsamkeitsübungen verbessert und deine Verbindung zum Göttlichen und zur natürlichen Welt vertieft werden. Nimm dir täglich Zeit, um dich mit der Natur zu verbinden, sei es durch einen Spaziergang im Wald, am Ufer eines Flusses oder indem du einfach Zeit in deinem Garten verbringst. Erlaube dir, im Moment vollkommen präsent zu sein, während du auf die Sehenswürdigkeiten, Klänge und Düfte um dich herum achtest.

Erfahre mehr über verschiedene Traditionen

Hexerei ist eine breite und vielfältige Praxis mit vielen verschiedenen Traditionen und Methoden. Erforsche durch das Studium die Ähnlichkeiten und Unterschiede verschiedener Traditionen, wie Wicca, Schamanismus und Hoodoo. Dadurch kannst du dein Verständnis von Hexerei vertiefen und eine größere Vielfalt von Methoden und Strategien für deine eigene Praxis entdecken.

Behalte einen offenen Geist

Schließlich ist es wichtig, dich deinem Studium der Hexerei mit einem offenen Geist zu nähern. Bedenke, dass die Reise jedes Einzelnen einzigartig ist und dass es keinen "richtigen" Ansatz gibt. Akzeptiere andere Standpunkte und Methoden und erlaube dir, offen für neue Einsichten und Erfahrungen zu sein. Dadurch kannst du Neugier und Erkundung fördern und dein Verständnis von Hexerei vertiefen und ihr Potenzial für persönliches Wachstum und Heilung besser erfassen.

3. Reflektiere über deine Emotionen

Emotionale Bewusstheit ist ein wesentlicher Bestandteil der Hexentherapie. Es ist wichtig, deine Emotionen zu betrachten und ein tieferes Verständnis für die Gründe hinter ihnen zu gewinnen, um Hexerei als therapeutisches Werkzeug für persönliche Entwicklung nutzen zu können. Durch Reflexion kannst du deine Verbindung zu deinem inneren Selbst stärken und Gewohnheiten und Verhaltensweisen entdecken, die dich daran hindern könnten, voranzukommen.

Wenn du über deine Gefühle reflektierst, solltest du dir ausreichend Zeit nehmen, um diese Empfindungen anzuerkennen und zu akzeptieren und die Gründe dahinter zu erforschen. Dies kann durch verschiedene Aktivitäten erreicht werden, wie das Führen eines Tagebuchs, Meditation oder Gespräche mit einem Therapeuten. Im Vorfeld deiner Hexentherapie haben wir eine Liste einiger hilfreicher Ratschläge und Praktiken zusammengestellt, um über deine Gefühle zu reflektieren.

Praktiziere Achtsamkeit

Achtsamkeitsübungen können dazu beitragen, ein Gefühl von Ruhe und Klarheit zu schaffen und dein emotionales Bewusstsein zu verbessern. Nimm dir jeden Tag Zeit, um in Ruhe zu sitzen und deine Aufmerksamkeit auf die Empfindungen in deinem Körper, insbesondere auf deinen Atem, zu lenken. Deine Gedanken und Gefühle werden kommen und gehen, unabhängig davon, ob du sie beurteilst oder versuchst, sie zu stoppen.

Führe ein Tagebuch

Das Führen eines Tagebuchs ist eine effektive Methode, um Einblick in deine Gefühle zu gewinnen und wiederkehrende Muster und Verhaltensweisen zu erkennen. Notiere deine täglichen Emotionen in einem Tagebuch und untersuche dann die zugrunde liegenden Faktoren, die zu ihnen beitragen. Dies kann dazu beitragen, ein größeres Selbstbewusstsein zu entwickeln und potenzielle Bereiche für persönliche Entwicklung und Heilung zu erkennen.

Sprich mit einem Therapeuten

Das Gespräch mit einem Therapeuten ist eine weitere wertvolle Möglichkeit, über deine Gefühle nachzudenken und tiefere

Einblicke in ihre zugrunde liegenden Ursachen zu gewinnen. Ein Therapeut kann einen sicheren und unterstützenden Raum bieten, um deine Gefühle zu erforschen und Muster und Verhaltensweisen zu identifizieren, die dich zurückhalten könnten.

Nutze divinatorische Werkzeuge

Divinatorische Werkzeuge wie Tarotkarten oder Runen können eine kraftvolle Möglichkeit sein, über deine Gefühle nachzudenken und tiefere Einsichten in ihre zugrunde liegenden Ursachen zu gewinnen. Nutze diese Werkzeuge, um Fragen über deine Emotionen zu stellen und die Symbolik und Bedeutung der Karten oder Runen zu erkunden.

Praktiziere Selbstmitgefühl

Das Praktizieren von Selbstmitgefühl ist ein entscheidender Bestandteil der emotionalen Reflexion. Sei liebevoll und freundlich zu dir selbst und erlaube dir, deine Gefühle ohne Urteil oder Kritik zu fühlen. Erinnere dich daran, dass Gefühle ein natürlicher Teil der menschlichen Erfahrung sind und dass sie weder gut noch schlecht sind, sondern einfach existieren.

Identifiziere Auslöser

Das Identifizieren von Auslösern kann zu einem Gefühl der emotionalen Achtsamkeit beitragen und dabei helfen, Situationen zu vermeiden, die emotional herausfordernd sein könnten. Nimm dir Zeit, um über Situationen oder Menschen nachzudenken, die starke emotionale Reaktionen auslösen, und erforsche ihre zugrunde liegenden Ursachen. Dies kann ein Gefühl von

Selbstbefähigung schaffen und Strategien entwickeln, um schwierige Emotionen zu bewältigen.

4. Praktiziere Selbstfürsorge

Selbstfürsorge ist ein wesentlicher Aspekt der Vorbereitung auf die Hexentherapie. Selbstfürsorge, auch als Selbstnurturing bekannt, beinhaltet Handlungen, die für das körperliche, emotionale und spirituelle Wohlbefinden förderlich sind, und kann zu einem Gefühl von Gleichgewicht und Stabilität im Leben beitragen. Dies kann wiederum deine Praxis erfolgreicher machen und auch persönliches Wachstum und Heilung fördern. Um sich auf die Hexentherapie vorzubereiten, folgt hier eine Liste einiger Tipps und Techniken für die Teilnahme an Selbstfürsorge-Praktiken.

Priorisiere Ruhe und Schlaf

Ruhe und Schlaf sind entscheidend für körperliches und emotionales Wohlbefinden. Priorisiere ausreichend Schlaf jede Nacht und versuche einen regelmäßigen Schlafplan zu entwickeln. Dies kann die Energie steigern, Spannungen reduzieren und ein Gefühl von Ruhe fördern.

Nähre deinen Körper

Körperliches und emotionales Wohlbefinden hängen von der Zufuhr nahrhafter Lebensmittel und ausreichender Flüssigkeitszufuhr ab. Stelle sicher, dass du eine ausgewogene Ernährung mit vielen Obst, Gemüse und Vollkornprodukten einnimmst. Trinke auch tagsüber viel Wasser, um ausreichend hydriert zu bleiben.

Praktiziere Bewegung und Sport

Bewegung und Sport sind entscheidend für die körperliche Gesundheit und können auch für das emotionale Wohlbefinden förderlich sein. Wähle eine Aktivität, die dir Spaß macht, wie Yoga, Spaziergänge oder Tanzen und baue sie in deinen täglichen Zeitplan ein.

Setze Grenzen

Das Setzen von Grenzen ist wichtig für emotionales und spirituelles Wohlbefinden. Setze zeitliche und energetische Grenzen und lerne, "nein" zu Anfragen oder Aktivitäten zu sagen, die nicht förderlich für dein Wohlbefinden sind. Dies kann Spannungen reduzieren und ein Gefühl von Selbstbefähigung fördern.

Engagiere dich in Selbstfürsorge-Praktiken

Selbstfürsorge-Aktivitäten wie Tagebuch schreiben, Meditation oder ein entspannendes Bad können die mentale, emotionale und spirituelle Gesundheit unterstützen. Nimm dir jeden Tag Zeit für Selbstfürsorge-Aktivitäten, die dich ruhig, ausgeglichen und zentriert zurücklassen.

Verbinde dich mit der Natur

Eine effektive Methode, um das emotionale und spirituelle Wohlbefinden zu unterstützen, ist die Verbindung mit der Natur. Verbringe Zeit im Freien, sei es durch Spaziergänge im Wald oder einfach nur durch Sitzen im Freien und Beobachten der Natur. Dies kann ein Gefühl von Ruhe und Verbundenheit mit der Natur fördern.

Engagiere dich in kreativen Aktivitäten

Malen, Schreiben oder musizieren sind Beispiele für kreative Aktivitäten, die das emotionale und spirituelle Wohlbefinden fördern können. Finde eine kreative Ausdrucksform, die dir gefällt, und plane Zeit ein, sie regelmäßig zu praktizieren.

Suche Unterstützung

Einer der wichtigsten Teile der Selbstfürsorge kann darin bestehen, Unterstützung von Freunden, Familie oder einem Therapeuten zu suchen. Wenn du Hilfe benötigst, bitte darum und akzeptiere die Unterstützung und Fürsorge anderer.

5. Sei offen für die Erfahrung

Einer der wichtigsten Schritte bei der Vorbereitung auf die Hexentherapie ist es, offen für die Erfahrung zu sein. Hexentherapie beinhaltet die Erkundung und Herstellung von Verbindungen mit der spirituellen Welt, was für einige Menschen unbekanntes Terrain sein kann. Offenheit für die Erfahrung kann dazu beitragen, ein Gefühl von Empfänglichkeit und Neugier zu schaffen und die Wirksamkeit deiner Praxis zu steigern. Hier sind einige Ratschläge und Methoden, um empfänglich für die Erfahrung der Hexentherapie zu werden.

Lasse vorgefasste Vorstellungen los

Es kann hilfreich sein, vorgefasste Vorstellungen über Hexerei und Spiritualität loszulassen, um Offenheit und Empfänglichkeit zu kultivieren. Vermeide es, vorauszusetzen, wie du dich fühlen wirst oder wie deine Praxis verlaufen wird. Gehe stattdessen mit offenem Herzen und offenem Geist in die Erfahrung.

Begrüße das Unbekannte

Offenheit und Neugierde können durch das Begrüßen des Unbekannten kraftvoll gefördert werden. Akzeptiere die Tatsache, dass du vielleicht nicht genau weißt, was du von deiner Praxis erwarten kannst, und gehe in ihre Ungewissheit und Geheimnis ein.

Sei im Moment präsent

Ein Gefühl der Verbundenheit und Offenheit für die spirituelle Welt kann durch das Gegenwärtigsein im Moment gefördert werden. Konzentriere dich auf den gegenwärtigen Moment und lasse dich nicht von Gedanken über die Vergangenheit oder die Zukunft ablenken.

Kultiviere eine Neugierde

Offenheit und Empfänglichkeit können durch die Entwicklung einer Neugierde gefördert werden. Erforsche jede Erfahrung mit Neugierde und Interesse, während du dich deiner Praxis mit Staunen und Interesse näherst.

Lasse Erwartungen los

Erwartungen können die Entwicklung einer offenen und empfänglichen Denkweise behindern. Vermeide es, Ziele oder Erwartungen für deine Praxis zu setzen, und gehe in jede Begegnung mit offenen Geist und Neugierde darüber, was geschehen mag.

Vertraue dem Prozess

Ein Gefühl der Offenheit und des Vertrauens kann durch das Vertrauen in den Prozess entstehen. Habe Vertrauen, dass die spirituelle Welt dich in deiner Praxis führen wird, und überlasse dich ihr.

Sei verletzlich

Sich verletzlich zu machen kann ein kraftvolles Instrument sein, um Empfänglichkeit und Offenheit zu fördern. Sei bereit, deine Wache zu senken und dich verletzlich zu machen, damit du dich vollständig auf jede Begegnung einlassen kannst.

6. Setze Grenzen

Das Setzen von Grenzen ist ein entscheidender Teil der Vorbereitung auf die Hexentherapie. Grenzen können das emotionale und spirituelle Wohlbefinden unterstützen, indem sie ein Gefühl von Sicherheit, Schutz und Selbstbestimmung fördern. Grenzen setzen in der Hexentherapie kann dazu beitragen, deine Energie zu schützen, Klarheit und Fokus zu fördern und ein Gefühl von Selbstbefähigung zu unterstützen. Hier sind einige Richtlinien und Methoden, um in der Vorbereitung auf die Hexentherapie Grenzen zu setzen.

Identifiziere deine Grenzen

Die Identifizierung deiner Grenzen ist der erste Schritt, um sie zu setzen. Denke über deine Werte, Bedürfnisse und Prioritäten nach und entscheide, was dir in deiner Praxis am wichtigsten ist. Dies kann dir dabei helfen, Situationen zu identifizieren, wie solche in Beziehungen, am Arbeitsplatz oder im täglichen Leben, in denen du Grenzen setzen musst.

Kommuniziere deine Grenzen

Es ist entscheidend, deine Grenzen anderen deutlich zu machen, sobald du sie festgelegt hast. Setze klare Erwartungen, kommuniziere deine Wünsche und Prioritäten und kommuniziere deine Grenzen und Bedürfnisse entschieden.

Achte auf deine Grenzen

Das Setzen von Grenzen ist nur dann effektiv, wenn du sie konsequent einhältst. Dies beinhaltet, deine Grenzen zu schützen, indem du Maßnahmen ergreifst, auch wenn es schwierig oder unpraktisch ist. Dies kann beinhalten, Anfragen abzulehnen, die deine Grenzen nicht respektieren, Situationen zu vermeiden, die dich gestresst oder ängstlich machen, und Vorkehrungen zu treffen, um deine Energie und dein allgemeines Wohlbefinden zu schützen.

Praktiziere Selbstfürsorge

Das Praktizieren von Selbstfürsorge ist ein wichtiger Aspekt des Setzens von Grenzen. Selbstfürsorge beinhaltet Maßnahmen zur Förderung deiner geistigen, emotionalen und spirituellen Gesundheit. Es kann auch dazu beitragen, ein Gefühl der Balance und Stabilität in deinem Leben zu erzeugen. Dies könnte die Effektivität deiner Praxis verbessern und zur Förderung von Heilung und persönlicher Entwicklung beitragen.

Suche Unterstützung

Das Setzen von Grenzen kann schwierig sein, besonders wenn du nicht daran gewöhnt bist, deine Ziele und Bedürfnisse durchzusetzen. Die Suche nach Unterstützung bei Freunden, Familie oder einem Therapeuten kann ein entscheidender

Bestandteil des Setzens von Grenzen sein. Wenn du Unterstützung benötigst, wende dich an andere und akzeptiere die Fürsorge und Unterstützung von anderen.

Passe deine Grenzen bei Bedarf an

Grenzen müssen aufgrund sich ändernder Anforderungen und Prioritäten möglicherweise angepasst werden. Durch regelmäßige Überprüfung und Anpassung deiner Grenzen kannst du ein Gefühl von Balance und Stabilität in deinem Leben erreichen und sicherstellen, dass sie weiterhin deine Bedürfnisse und Prioritäten erfüllen.

7. Vertraue dem Prozess

Der erste Schritt bei der Vorbereitung auf die Hexentherapie ist das Vertrauen in den Prozess. Um dem Prozess zu vertrauen, musst du die Kontrolle loslassen, deine Erwartungen aufgeben und der spirituellen Welt erlauben, deine Praxis zu lenken. Durch das Vertrauen in den Prozess kannst du einen Zustand der Entspannung und Empfänglichkeit fördern und eine solide Grundlage für deine Praxis schaffen. Hier sind einige Tipps und Techniken, um dem Prozess in der Vorbereitung auf die Hexentherapie zu vertrauen.

Überlasse dich der Erfahrung

Sich der Erfahrung hinzugeben, ist ein wichtiger Aspekt des Vertrauens in den Prozess. Dies beinhaltet das Loslassen von Kontrolle und das Erlauben, dass du in jedem Moment vollkommen präsent bist. Sich der Erfahrung hinzugeben kann ein Gefühl von Offenheit und Empfänglichkeit schaffen und die Wirksamkeit deiner Praxis verbessern.

Lasse Erwartungen los

Das Loslassen von Erwartungen ist ein weiterer wichtiger Bestandteil des Vertrauens in den Prozess. Dies beinhaltet das Aufgeben von jeglichen vorgefassten Vorstellungen darüber, wie deine Praxis aussehen sollte oder welche Ergebnisse du erhoffst. Indem du Erwartungen loslässt, schaffst du Raum dafür, dass die spirituelle Welt deine Praxis lenkt, und kannst dich neuen Erfahrungen und Möglichkeiten öffnen.

Kultiviere eine Neugierde

Das Kultivieren einer Neugierde kann dazu beitragen, das Vertrauen in den Prozess zu fördern. Dies beinhaltet, deine Praxis mit Staunen und Interesse anzugehen und jede Erfahrung mit Neugierde und Interesse zu erkunden. Durch das Kultivieren von Neugierde kannst du ein Gefühl von Offenheit und Empfänglichkeit schaffen und der spirituellen Welt erlauben, deine Praxis zu lenken.

Praktiziere Achtsamkeit

Das Praktizieren von Achtsamkeit kann dazu beitragen, das Vertrauen in den Prozess zu fördern. Achtsamkeit bedeutet, den gegenwärtigen Moment wahrzunehmen, ohne Urteil oder Ablenkung. Du kannst ein Gefühl von Präsenz und Bewusstsein entwickeln sowie die Fähigkeit, dich vollständig auf jede Erfahrung einzulassen, indem du Achtsamkeitspraktiken anwendest.

Suche Unterstützung

Die Suche nach Unterstützung von anderen kann ein wichtiger Bestandteil des Vertrauens in den Prozess sein. Dies kann bedeuten, Rat oder Mentorenschaft von erfahrenen Praktizierenden einzuholen oder einfach Freunde und geliebte Menschen um Unterstützung und Ermutigung zu bitten. Durch die Suche nach Unterstützung kannst du ein Gefühl von Gemeinschaft und Verbundenheit schaffen und dich in deiner Praxis selbstbewusster fühlen.

Praktiziere Selbstmitgefühl

Das Praktizieren von Selbstmitgefühl ist ein weiterer wichtiger Bestandteil des Vertrauens in den Prozess. Dies beinhaltet, sich selbst mit Freundlichkeit und Verständnis zu behandeln und anzuerkennen, dass Wachstum und Heilung oft nicht-linear und unvorhersehbar sind. Du kannst ein Gefühl von Akzeptanz und Verständnis sowie die Fähigkeit, geduldig und liebevoll mit dir selbst umzugehen, entwickeln, indem du Selbstmitgefühl praktizierst.

8. Kläre deine Energie

Um dich auf die Hexentherapie vorzubereiten, ist es wichtig, deine Energie zu klären. Indem du dich von negativen Gefühlen oder Energien befreist, die deine spirituelle Entwicklung und Heilung möglicherweise behindern, kannst du deine Energie klären. Du kannst einen Zustand der Offenheit und Empfänglichkeit fördern und eine solide Grundlage für deine Praxis schaffen. Hier sind einige Vorschläge und Methoden zur Klärung deiner Energie in Vorbereitung auf die Hexentherapie.

Praktiziere Erdung

Erdung ist ein wichtiger Aspekt der Klärung deiner Energie. Die Verbindung zur Erde durch Erdung kann dir dabei helfen, überschüssige Energie oder Emotionen loszulassen, die deine spirituelle Entwicklung behindern könnten. Dies kann beinhalten, Zeit in der Natur zu verbringen, Wurzeln vorzustellen, die von deinem Körper in die Erde reichen, oder Yoga oder Meditation zu praktizieren.

Lasse negative Emotionen los

Das Loslassen von negativen Emotionen ist ein weiterer wichtiger Bestandteil der Klärung deiner Energie. Negative Emotionen können Blockaden in deinem Energiefeld erzeugen und dich daran hindern, dich vollständig auf deine Praxis einzulassen. Dies kann das Üben von Techniken zur emotionalen Befreiung beinhalten, wie das Führen eines Tagebuchs, das Sprechen mit einem Therapeuten oder das Praktizieren von Achtsamkeitsmeditation.

Reinige deinen Raum

Das Reinigen deines Raumes ist ein wichtiger Bestandteil der Klärung deiner Energie. Eine unordentliche oder chaotische Umgebung kann Blockaden in deinem Energiefeld erzeugen und dich daran hindern, dich vollständig auf deine Praxis einzulassen. Dies kann das physische Reinigen deines Raumes, das Räuchern mit Salbei oder Palo Santo oder das Verwenden von Kristallen oder ätherischen Ölen beinhalten, um ein Gefühl von Ruhe und Klarheit zu schaffen.

Praktiziere Atemarbeit

Das Praktizieren von Atemarbeit kann dazu beitragen, deine Energie zu klären und ein Gefühl von Ruhe und Balance zu fördern. Atemarbeit beinhaltet die Verwendung des Atems, um Spannungen zu lösen und Entspannung zu fördern, und kann dir dabei helfen, jegliche negative Energie oder Emotionen freizusetzen, die dein spirituelles Wachstum behindern könnten. Pranayama oder Wechselatmung sind Beispiele für tiefe Atemübungen, die dafür verwendet werden können.

Verwende Visualisierungstechniken

Die Verwendung von Visualisierungstechniken kann ein kraftvoller Ansatz sein, um Energie freizusetzen und Ruhe und Klarheit zu fördern. Du kannst dies tun, indem du ein energetisches Feld oder helles Licht um deinen Körper siehst oder dir vorstellst, wie jede negative Energie oder Emotion deinen Körper bei jedem Ausatmen verlässt.

Setze Grenzen

Das Setzen von Grenzen ist ein weiterer wichtiger Aspekt der Klärung deiner Energie. Grenzen können verhindern, dass ungünstige Energie oder Emotionen in dein Energiefeld gelangen, und ein Gefühl von Sicherheit und Schutz fördern. Das Festlegen klarer Erwartungen, das Kommunizieren deiner Bedürfnisse und Prioritäten sowie das entschiedene Mitteilen deiner Grenzen sind einige Möglichkeiten, wie du das tun kannst.

9. Praktiziere Achtsamkeit

Der erste Schritt bei der Vorbereitung auf die Hexentherapie besteht darin, mit der Praxis der Achtsamkeit zu beginnen. Achtsamkeit bedeutet, die Gegenwart wahrzunehmen, ohne zu urteilen oder abgelenkt zu sein. Du kannst ein Gefühl von Präsenz und Bewusstsein entwickeln und die Fähigkeit, dich vollständig auf jede Erfahrung einzulassen, indem du Achtsamkeitspraktiken anwendest. Hier sind einige Ratschläge und Methoden, wie du dich durch Achtsamkeit auf die Hexentherapie vorbereiten kannst.

Praktiziere Atemachtsamkeit

Atemachtsamkeit ist eine einfache, aber wirkungsvolle Achtsamkeitstechnik, die die Entwicklung von Gelassenheit und Präsenz unterstützen kann. Dabei konzentrierst du dich auf deine Atmung und beobachtest die Empfindungen des Ein- und Ausatmens. Du kannst deinen Geist durch Übungen der Atemachtsamkeit schulen, aufmerksam und präsent in jedem Moment zu sein, was dir auch dabei hilft, eine solide Grundlage für deine Praxis zu schaffen.

Nutze deine Sinne

Die Nutzung deiner Sinne ist ein weiterer effektiver Weg, Achtsamkeit zu praktizieren. Dabei lenkst du deine Aufmerksamkeit auf das sinnliche Erleben jedes Moments und bemerkst die Sehenswürdigkeiten, Geräusche, Gerüche, Geschmäcker und Empfindungen um dich herum. Du kannst ein Gefühl von Präsenz und Bewusstsein entwickeln und dich vollständig auf jede Erfahrung einlassen, indem du deine Sinne nutzt.

Praktiziere Körperachtsamkeit

Körperachtsamkeit ist ein weiterer wichtiger Aspekt von Achtsamkeit. Dabei bist du dir der körperlichen Empfindungen in deinem Körper bewusst und identifizierst mögliche Spannungen, Unbehagen oder Engegefühle. Durch Übungen der Körperachtsamkeit kannst du ein besseres Verständnis für deinen physischen und emotionalen Zustand gewinnen und lernen, bewusster und mitfühlender auf die Bedürfnisse deines Körpers zu reagieren.

Kultiviere eine nicht-beurteilende Haltung

Das Kultivieren einer nicht-beurteilenden Haltung ist ein weiterer wichtiger Bestandteil von Achtsamkeit. Dabei nimmst du jede Erfahrung genau so an, wie sie ist, ohne zu urteilen oder zu kritisieren. Indem du eine nicht-beurteilende Haltung übst, kannst du dich vollständig auf jede Erfahrung einlassen, ohne emotional in ein bestimmtes Ergebnis oder eine bestimmte Erwartung investiert zu sein.

Praktiziere Dankbarkeit

Das Praktizieren von Dankbarkeit ist ein weiterer effektiver Weg, um Achtsamkeit zu kultivieren. Dabei lenkst du deine Aufmerksamkeit auf die positiven Aspekte jeder Erfahrung und äußerst Dankbarkeit für die Segnungen in deinem Leben. Durch das Praktizieren von Dankbarkeit kannst du ein Gefühl von Positivität und Fülle kultivieren und eine solide Grundlage für deine Praxis schaffen.

Lege Zeit für formale Praxis fest

Das Festlegen von Zeit für formale Praxis ist ein wichtiger Aspekt der Kultivierung von Achtsamkeit. Das kann das Üben von Meditation, Yoga oder anderen formellen Achtsamkeitspraktiken beinhalten und das Widmen einer bestimmten Zeit jeden Tag für deine Praxis. Indem du Zeit für formale Praxis reservierst, kannst du eine Routine und Beständigkeit schaffen und dein Verständnis und deine Erfahrung von Achtsamkeit vertiefen.

10. Schalte Ablenkungen aus

Wenn du dich auf die Hexentherapie vorbereitest, ist es wichtig, Ablenkungen auszuschalten, um dich vollständig auf die Erfahrung einzulassen. Ablenkungen können deine Fähigkeit beeinträchtigen, präsent zu sein und dich vollständig in die Praxis einzubinden, und können verhindern, dass du das Beste aus der Therapiesitzung herausholst. Hier sind einige Tipps, um Unterbrechungen zu beseitigen und eine konzentrierte Umgebung für die Hexentherapie zu schaffen.

Wähle einen ruhigen, komfortablen Raum

Für eine Ablenkungsfreie Hexentherapie ist eine ruhige, gemütliche Atmosphäre entscheidend. Wähle einen Ort, der frei von Unterbrechungen, Lärm und anderen Ablenkungen ist. Dies könnte ein bestimmter Bereich in deinem Zuhause sein oder eine friedliche Umgebung im Freien, wo du dich ohne Unterbrechungen konzentrieren kannst.

Schalte elektronische Geräte aus

Ein weiterer wichtiger Schritt, um Ablenkungen zu beseitigen, besteht darin, technische Geräte auszuschalten. Das bedeutet, alle elektronischen Geräte wie Computer, Handy und andere auszuschalten, die dich während der Therapiesitzung ablenken könnten. Indem du alle elektronischen Geräte ausschaltest, kannst du dich vollständig auf die Praxis einlassen und ein Gefühl von Aufmerksamkeit und Präsenz entwickeln.

Teile anderen mit, dass du nicht verfügbar bist

Ein weiterer wichtiger Schritt, um Ablenkungen zu vermeiden, besteht darin, anderen mitzuteilen, dass du während der Therapiesitzung nicht verfügbar bist. Informiere deine Familie, Mitbewohner oder andere Mitglieder deines Haushalts darüber, dass du während der Therapiesitzung nicht gestört werden möchtest. Indem du klare Grenzen setzt und deine Bedürfnisse kommunizierst, kannst du eine Atmosphäre von Aufmerksamkeit und Präsenz schaffen und verhindern, dass äußere Ablenkungen die Erfahrung beeinträchtigen.

Erstelle ein Ritual oder eine Routine

Das Schaffen eines Rituals oder einer Routine kann dir helfen, Ablenkungen während der Hexentherapie auszublenden. Indem du Kerzen benutzt, Räucherwerk verbrennst oder andere Praktiken verwendest, kannst du ein Gefühl von Präsenz und Fokus erzeugen. Indem du ein Ritual oder eine Routine entwickelst, gibst du deinem Geist und Körper ein Signal, wann du mit der Praxis beginnen möchtest, was deiner Praxis auch ein Gefühl von Kontinuität und Beständigkeit verleiht.

Praktiziere Achtsamkeit

Eine weitere effektive Methode, um Ablenkungen während der Hexentherapie auszublenden, besteht darin, Achtsamkeit zu praktizieren. Das bedeutet, deine Aufmerksamkeit auf den gegenwärtigen Moment zu lenken, ohne zu urteilen oder abgelenkt zu sein, und dich vollständig auf die Erfahrung einzulassen. Indem du Achtsamkeitspraktiken anwendest, kannst du ein Gefühl von Präsenz und Bewusstsein entwickeln und verhindern, dass Ablenkungen deine Fähigkeit beeinträchtigen, dich vollständig in die Therapiesitzung einzubinden.

Setze Absichten und Ziele

Ein weiterer wichtiger Schritt, um Ablenkungen zu vermeiden, besteht darin, Absichten und Ziele für die Therapiesitzung festzulegen. Dazu musst du zunächst entscheiden, warum du praktizierst, und dann konkrete Ziele für jede Sitzung festlegen. Das Setzen von Absichten und Zielen ermöglicht es dir, eine klare Richtung und Zweck zu etablieren und verhindert, dass Ablenkungen dich daran hindern, dich vollständig auf die Therapiesitzung einzulassen.

11. Sei ehrlich und offen

Sei offen und ehrlich über deine Gedanken, Gefühle und Erfahrungen, während du dich auf die Hexentherapie vorbereitest. Das bedeutet, bereit zu sein, deine innersten Gedanken und Emotionen mit deinem Therapeuten zu teilen und offen für Feedback und Anleitung zu sein. Hier sind einige Ideen, um während der Hexentherapie offen und ehrlich zu sein.

Vertrauen zum Therapeuten aufbauen

Offenheit und Ehrlichkeit während der Hexentherapie hängt davon ab, Vertrauen zum Therapeuten aufzubauen. Das bedeutet, einen Therapeuten zu finden, bei dem du dich wohl fühlst und dem du vertrauen kannst, dass er oder sie dich anleiten und unterstützen wird. Indem du Vertrauen zum Therapeuten aufbaust, kannst du eine sichere und unterstützende Umgebung schaffen, in der du deine Gedanken und Gefühle teilen kannst.

Erkenne und akzeptiere deine Emotionen

Ein weiterer wichtiger Aspekt dabei, offen und ehrlich während der Hexentherapie zu sein, ist die Identifizierung deiner Emotionen. Das bedeutet, bereit zu sein, deine Emotionen zu benennen und auszudrücken, egal wie herausfordernd oder unangenehm sie sein mögen. Indem du deine Emotionen erkennst und akzeptierst, kannst du dich selbst und deine Erfahrungen besser verstehen. Zudem kannst du mit Hilfe deines Therapeuten an schwierigen Emotionen und Problemen arbeiten.

Sei bereit, deine Erfahrungen zu teilen

Ein weiterer wichtiger Aspekt dabei, offen und ehrlich während der Hexentherapie zu sein, ist die Bereitschaft, deine Erfahrungen zu teilen. Das bedeutet, offen über vergangene Fehler, gegenwärtige Schwierigkeiten und zukünftige Ziele zu sprechen. Indem du deine Erfahrungen teilst, kannst du Einsicht und Perspektive gewinnen und mit Hilfe deines Therapeuten an schwierigen Gefühlen und Problemen arbeiten.

Vermeide Urteile und Selbstkritik

Ein weiterer wichtiger Bestandteil davon, offen und ehrlich während der Hexentherapie zu sein, besteht darin, Urteile und Selbstkritik zu vermeiden. Das bedeutet, bereit zu sein, dich selbst und deine Lebenserfahrungen ohne Verurteilung oder Kritik anzunehmen. Indem du Urteile und Selbstkritik vermeidest, kannst du eine sichere und unterstützende Umgebung schaffen, in der du deine Gedanken und Gefühle frei ausdrücken kannst. Zudem kannst du mit Hilfe deines Therapeuten an schwierigen Gefühlen und Problemen arbeiten.

Umarme Verletzlichkeit

Offen und ehrlich während der Hexentherapie zu sein, erfordert auch, Verletzlichkeit zu umarmen. Das bedeutet, bereit zu sein, verletzlich und offen gegenüber deinem Therapeuten zu sein und deine innersten Gedanken und Gefühle ohne Angst vor Urteil oder Ablehnung zu teilen. Indem du Verletzlichkeit annimmst, kannst du Einsicht und Perspektive gewinnen und mit Hilfe deines Therapeuten an schwierigen Emotionen und Problemen arbeiten.

Praktiziere aktives Zuhören

Aktives Zuhören zu praktizieren ist ein weiterer wichtiger Schritt dabei, offen und ehrlich während der Hexentherapie zu sein. Das bedeutet, bereit zu sein, das Feedback und die Anleitung deines Therapeuten aktiv anzuhören und sich aktiv am Therapieprozess zu beteiligen. Indem du aktives Zuhören praktizierst, kannst du Einsicht und Perspektive gewinnen und mit Hilfe deines Therapeuten an schwierigen Emotionen und Problemen arbeiten.

Zusammenfassend lässt sich sagen, dass die Vorbereitung auf die Hexentherapie ein wesentlicher Schritt im Heilungs- und persönlichen Wachstumsprozess ist. Indem du eine Absicht setzt, dich selbst informierst, über deine Emotionen reflektierst, Selbstfürsorge praktizierst, offen für die Erfahrung bist, Grenzen setzt, dem Prozess vertraust, deine Energie klärst, Achtsamkeit praktizierst, Ablenkungen beiseitelegst und ehrlich und offen bist, kannst du eine sichere und unterstützende Umgebung für die Therapiesitzung schaffen und tiefere Einsichten und Heilung fördern. Die Hexentherapie kann ein kraftvolles Werkzeug sein, um sich von vergangenen Traumata zu heilen, Wachstum und Selbstentdeckung zu fördern und deine Emotionen zu erforschen, wenn du mit der richtigen Einstellung und Vorbereitung an sie herangehst.

Die Bedeutung der Absichtsetzung in der Hexerei-Therapie

Das Festlegen einer klaren und fokussierten Absicht für deine Therapiesitzung oder -praxis ist ein entscheidender Bestandteil der Hexentherapie. Deine Therapie wird von der Absicht, die du festlegst, geleitet oder fokussiert, was dir dabei helfen kann, die gewünschten Ergebnisse zu erzielen. In diesem Abschnitt werden wir uns damit befassen, was Absichtsetzung ist, warum sie wichtig ist und wie du sie in deiner Hexentherapie-Praxis anwenden kannst.

Was ist Absichtsetzung?

Eine Absicht zu setzen, bedeutet, zu entscheiden, was du mit deiner Hexentherapie-Praxis erreichen möchtest, und das Ziel oder Ziel zu formulieren. Diese Absicht kann sich auf ein bestimmtes Problem oder eine Herausforderung beziehen, mit der du konfrontiert bist, oder auf einen allgemeineren Wunsch nach persönlichem Wachstum und Entwicklung.

Dein Ziel sollte etwas sein, dem du tatsächlich nachstreben kannst, und es sollte klar und definiert sein. Zum Beispiel könnte dein Ziel sein, ein bestimmtes Hindernis oder eine bestimmte Angst zu überwinden, eine bestimmte Eigenschaft oder Charaktereigenschaft zu entwickeln oder ein bestimmtes Ziel oder Ergebnis zu erreichen.

Warum ist Absichtsetzung wichtig?

Absichtsetzung ist aus mehreren Gründen in der Hexentherapie wichtig. Erstens hilft es, deiner Therapie-Praxis Fokus und Richtung zu geben. Indem du eine klare Absicht setzt, kannst du sicherstellen, dass deine Therapiesitzungen fruchtbar und bedeutsam sind und dass du auf ein bestimmtes Ziel hinarbeitest.

Die Festlegung von Absichten kann dich auch motivierter und engagierter für deine Therapie-Praxis machen. Indem du ein klares Ziel oder Ergebnis identifizierst, das du erreichen möchtest, fühlst du dich motivierter, die Zeit und Mühe aufzubringen, die dafür nötig sind.

Drittens kann die Festlegung von Absichten die Effektivität deiner Therapie-Praxis verbessern. Indem du eine klare Absicht setzt, kannst du deine Konzentration auf das spezielle Ergebnis oder Ziel lenken, das du erreichen möchtest, und gezielt darauf hinarbeiten.

Wie man die Absichtsetzung in seine Hexentherapie-Praxis integrieren kann

Die Absichtsetzung kann auf verschiedene Weise in deine Hexentherapie-Praxis integriert werden. Hier sind einige Vorschläge, um dich zu beginnen:

1. *Reflektiere über deine Ziele und Wünsche*

Beginne damit, über deine Ziele und Absichten nachzudenken, um eine klare Absicht für deine Hexentherapie-Praxis zu haben. Denke darüber nach, welche Ziele du für deine Therapie-Praxis hast und welche konkreten Ergebnisse oder Ziele du verfolgen möchtest.

2. *Schreibe deine Absicht auf*

Sobald du deine Absicht identifiziert hast, schreibe sie auf eine klare und spezifische Weise auf. Formuliere deine Absicht so, dass sie erreichbar und messbar ist, damit du deinen Fortschritt im Laufe der Zeit verfolgen kannst.

3. *Integriere deine Absicht in deine Praxis*

Integriere deine Absicht auf eine greifbare Weise in deine Hexentherapie-Praxis. Du könntest beispielsweise ein Ritual oder einen Zauber erstellen, der sich auf deine Absicht konzentriert, oder du könntest spezifische Praktiken oder Übungen einbauen, die dazu dienen, dir bei der Erreichung deines Ziels zu helfen.

4. *Verwende Visualisierungs- und Affirmationstechniken*

Visualisierungs- und Affirmationstechniken können wirksame Werkzeuge für die Festlegung und Erreichung von Absichten in der Hexentherapie sein. Nimm dir Zeit, dich selbst dabei zu visualisieren, wie du dein Ziel erreichst, und verwende Affirmationen, um dein Engagement für deine Absicht zu stärken.

5. Überwache deinen Fortschritt

Überwache deinen Fortschritt, während du deine Absicht verfolgst, und passe deinen Ansatz bei Bedarf an. Überprüfe regelmäßig, wie es dir geht, und mache bei Bedarf Änderungen an deiner Praxis, um dich auf Kurs zu halten.

6. Verwende ein physisches Objekt, um deine Absicht zu repräsentieren

Wähle ein physisches Objekt, das deine Absicht repräsentiert, wie zum Beispiel einen Kristall oder ein Schmuckstück, und benutze es als visuelle Erinnerung an dein Ziel. Du kannst das Objekt bei dir tragen oder es an einem prominenten Ort in deinem Zuhause oder Arbeitsplatz platzieren, um deine Absicht stets im Blick zu behalten.

7. Wähle ein Mantra oder eine Affirmation

Wähle ein Mantra oder eine Affirmation, die deine Absicht stärkt, und verwende es als tägliche Erinnerung an dein Ziel. Wiederhole das Mantra oder die Affirmation im Laufe des Tages oder baue sie in deine Meditations- oder Visualisierungspraxis ein.

8. Arbeite mit den Mondphasen

Die Mondphasen können ein kraftvolles Werkzeug für das Setzen und Erreichen von Absichten in der Hexentherapie sein. Überlege, mit der Energie des Mondes zu arbeiten, um deine Absicht zu setzen und deinen Fortschritt im Verlauf des Mondzyklus zu verfolgen.

9. *Erstelle eine Vision Board*

Erstelle ein Vision Board, das deine Absicht verkörpert, und stelle es an einem sichtbaren Ort aus. Erstelle eine visuelle Darstellung deines Ziels und halte sie mit Hilfe von Fotos, Sätzen und anderen visuellen Darstellungen immer vor Augen.

10. *Zusammenarbeit mit einem Therapeuten oder Mentor*

In der Hexentherapie kann die Zusammenarbeit mit einem Therapeuten oder Mentor von Vorteil sein, um Ziele zu setzen und zu erreichen. Arbeite mit einem vertrauenswürdigen Fachmann zusammen, der dich beraten und ermutigen kann, während du dein Ziel verfolgst.

Letztendlich sind die Wahl eines sinnvollen und erreichbaren Ziels und die Integration in deine Praxis auf eine Weise, die für dich real und wichtig ist, der Schlüssel zu einer effektiven Absichtsetzung in der Hexentherapie. Mit Geduld, Engagement und der Bereitschaft, neue Ansätze und Techniken zu erkunden, kannst du die Kraft der Absicht nutzen, um deine gewünschten Ergebnisse zu erzielen und eine sinnvolle Entwicklung und Transformation in deinem Leben zu erleben.

Kapitel III

Techniken und Praktiken für die Hexerei-Therapie

Meditation und Visualisierung

Meditation und Visualisierung sind kraftvolle Techniken, um persönliches Wachstum und Heilung in der Hexentherapie zu fördern. Bei diesen Praktiken konzentrierst du dich auf deine Gedanken, Gefühle und Empfindungen, während du deine Vorstellungskraft nutzt, um befriedigende Ergebnisse und Erfahrungen hervorzurufen. In diesem Abschnitt werden die Vorteile von Visualisierung und Meditation in der Hexentherapie diskutiert und einige Ratschläge gegeben, wie du diese Techniken in deiner eigenen Praxis anwenden kannst.

Was ist Meditation?

Die Praxis der Meditation besteht darin, deine Aufmerksamkeit auf eine einzige Idee, ein Gefühl oder ein Objekt zu konzentrieren, mit dem Ziel, Ruhe und Entspannung zu fördern. Es gibt zahlreiche Arten von Meditation, wie zum Beispiel Achtsamkeitsmeditation, liebevolle Güte Meditation und geführte Meditation. Obwohl jede Art von Meditation einzigartige Vorteile hat, zielen sie alle darauf ab, innere Ruhe und Wohlbefinden zu fördern.

Meditation ist ein mächtiges Werkzeug, um persönliches Wachstum und Heilung in der Hexentherapie zu fördern. Durch die Konzentration auf deine Gedanken, Gefühle und Empfindungen kannst du ein besseres Selbstbewusstsein entwickeln und ein Verständnis für deine Emotionen und Erfahrungen gewinnen. Darüber hinaus hilft Meditation, Spannungen und Stress abzubauen, Entspannung zu fördern und die Qualität des Schlafs zu verbessern.

Wie praktiziert man Meditation in der Hexentherapie?

In Kombination mit den Techniken der Hexentherapie kann Meditation ein besonders wirksames Instrument für Selbsterkenntnis und persönliche Entwicklung sein. Die Integration dieses Ansatzes in deine Hexentherapie-Praxis kann dir helfen, ein besseres Verständnis von dir selbst zu gewinnen, dich mit deiner inneren Weisheit und Intuition zu verbinden und ein Gefühl von Frieden und Gelassenheit zu schaffen, ob du nun neu in der Meditation bist oder ein erfahrener Praktizierender.

Hier sind einige Tipps für die Praxis der Meditation in der Hexentherapie:

1. *Finde einen ruhigen, bequemen Raum*

Bei der Meditation ist es wichtig, einen ruhigen, bequemen Raum auszuwählen, in dem du dich entspannen und deine Konzentration fokussieren kannst. Wähle einen Ort, an dem du bequem sitzen oder liegen kannst, frei von Ablenkungen und Unterbrechungen.

2. Setze deine Absicht

Bevor du mit deiner Meditationspraxis beginnst, nimm dir ein paar Momente Zeit, um deine Absicht zu setzen. Dies könnte beinhalten, sich ein bestimmtes Ergebnis vorzustellen, das du erreichen möchtest, wie z.B. gesteigertes Selbstbewusstsein, emotionale Heilung oder spirituelles Wachstum. Du kannst auch ein spezifisches Mantra oder eine Affirmation verwenden, um dir dabei zu helfen, während deiner Praxis konzentriert und mit deiner Absicht verbunden zu bleiben.

3. Konzentriere dich auf deinen Atem

Nachdem du deine Absicht gesetzt hast, beginne deine Meditationspraxis, indem du dich auf deinen Atem konzentrierst. Atme tief und langsam durch die Nase ein und durch den Mund aus, und erlaube deinem Atem, mit jeder Ein- und Ausatmung langsamer und tiefer zu werden.

4. Nutze Visualisierungstechniken

Visualisierung ist ein mächtiges Werkzeug für die Meditation und kann besonders wirksam sein, wenn es mit den Praktiken der Hexentherapie kombiniert wird. Während du dich auf deinen Atem konzentrierst, stelle dir vor, dass du von einer Kugel schützender Energie umgeben bist oder stelle dir vor, wie du negative Emotionen oder Gedanken in einem fließenden Bach freisetzt.

5. Integriere die Elemente

Die vier Elemente - Erde, Luft, Feuer und Wasser - sind ein wesentlicher Bestandteil der Hexentherapie und können auch in deine Meditationspraxis integriert werden. Während du meditierst, visualisiere jedes Element nacheinander oder stelle dir vor, dass du von den Energien jedes Elements umgeben bist.

6. *Nutze geführte Meditationen*

Geführte Meditationen können eine hilfreiche Möglichkeit sein, deine Praxis zu vertiefen und neue Ansätze zur Meditation zu erkunden. Es gibt viele Ressourcen online, die geführte Meditationen speziell für die Hexentherapie anbieten, oder du kannst dein eigenes geführtes Meditations-Skript erstellen, basierend auf deinen persönlichen Absichten und Zielen.

7. *Sei geduldig und beständig*

Wie bei jeder neuen Praxis kann es Zeit und Geduld brauchen, um eine regelmäßige Meditationspraxis zu entwickeln. Lass dich nicht entmutigen, wenn es dir anfangs schwerfällt, deinen Geist zu beruhigen - konzentriere dich einfach weiterhin auf deinen Atem und deine Absicht und vertraue darauf, dass sich deine Meditationspraxis mit der Zeit vertiefen und bedeutungsvoller werden wird.

Was ist Visualisierung?

Die Kunst der Visualisierung besteht darin, deinen Geist zu nutzen, um angenehme Situationen und Gefühle hervorzurufen. Durch die Visualisierung eines gewünschten Ziels ermöglicht sie es dir, deine Energie und Aufmerksamkeit auf das Erreichen dieses Ergebnisses zu konzentrieren. Visualisierung kann ein kraftvolles Werkzeug sein, um persönliches Wachstum und Heilung zu fördern.

Die Hexenheilkunde nutzt häufig Visualisierung, um den Patienten dabei zu helfen, ungünstige Muster oder Überzeugungen zu überwinden und ein Gefühl von Stärke und Selbstwertgefühl zu entwickeln. Durch das Vorstellen erfolgreicher Ergebnisse und Erfahrungen kannst du ein größeres Selbstbewusstsein entwickeln und ein glücklicheres, erfüllteres Leben führen.

Wie man Visualisierung in der Hexenheilkunde praktiziert

Visualisierung ist ein kraftvolles Instrument für persönliche Entwicklung und Veränderung und kann besonders effektiv sein, wenn sie in Verbindung mit anderen Therapietechniken der Hexenheilkunde angewendet wird. Indem du deine Vorstellungskraft nutzt, um lebendige mentale Bilder zu erschaffen und die Kraft deines Geistes nutzt, um deine Wünsche zu manifestieren, kannst du dein volles Potenzial entfalten und das Leben erschaffen, das du wirklich möchtest.

Hier sind einige Tipps für die Praxis der Visualisierung in der Hexenheilkunde:

1. *Wähle einen ruhigen, gemütlichen Raum*

Bei der Visualisierung ist es wichtig, einen ruhigen, gemütlichen Raum zu wählen, in dem du dich entspannen und deine Aufmerksamkeit konzentrieren kannst. Dies könnte das Schaffen eines speziellen Raumes für die Visualisierung beinhalten, wie einen dedizierten Altar oder einen heiligen Bereich in deinem Zuhause, oder einfach nur das Finden einer ruhigen Ecke, in der du bequem sitzen oder liegen kannst.

2. *Setze deine Absicht*

Bevor du mit deiner Visualisierungspraxis beginnst, nimm dir ein paar Momente Zeit, um deine Absicht zu setzen. Dies könnte beinhalten, ein spezifisches Ergebnis zu visualisieren, das du erreichen möchtest, wie gesteigertes Selbstvertrauen, emotionale Heilung oder mehr Fülle und Wohlstand. Sei so spezifisch und detailliert wie möglich bei der Formulierung deiner Absicht und verwende ein bestimmtes Mantra oder eine Affirmation, um dich während deiner Praxis auf dein Ziel zu konzentrieren und damit verbunden zu bleiben.

3. *Nutze alle deine Sinne*

Bei der Visualisierung ist es wichtig, alle deine Sinne einzubeziehen, um ein lebendiges mentales Bild zu erschaffen. Dies könnte das Vorstellen von Sehenswürdigkeiten, Geräuschen, Gerüchen, Geschmäcken und Texturen deines gewünschten

Ergebnisses beinhalten oder das Verwenden spezifischer Symbole oder Bilder, um deine Absicht darzustellen.

4. *Integriere die Elemente*

Die vier Elemente - Erde, Luft, Feuer und Wasser - sind ein wesentlicher Bestandteil der Hexenheilkunde und können auch in deine Visualisierungspraxis integriert werden. Zum Beispiel könntest du dir vorstellen, von einem Kreis schützender Energie umgeben zu sein oder dich vorstellen, negative Emotionen oder Gedanken in einem Fluss fließenden Wassers loszulassen.

5. *Nutze geführte Visualisierungsskripte*

Geführte Visualisierungsskripte können eine hilfreiche Möglichkeit sein, deine Praxis zu vertiefen und neue Ansätze für die Visualisierung zu erkunden. Es gibt viele Ressourcen online, die geführte Visualisierungsskripte speziell für die Hexenheilkunde anbieten, oder du kannst dein eigenes geführtes Skript basierend auf deinen persönlichen Absichten und Zielen erstellen.

6. *Integriere die Visualisierung in deine tägliche Routine*

Um die Vorteile der Visualisierung zu maximieren, ist es wichtig, sie in deine tägliche Routine zu integrieren. Dies könnte beinhalten, die Visualisierung als Teil deines morgendlichen oder abendlichen Rituals zu praktizieren oder deine Ziele und Absichten während der Meditation oder anderer täglicher Praktiken zu visualisieren.

7. *Sei geduldig und beständig*

Wie bei jeder neuen Praxis kann es Zeit und Ausdauer erfordern, eine konsistente Visualisierungspraxis zu entwickeln. Lass dich nicht entmutigen, wenn es dir anfangs schwer fällt, lebendige mentale Bilder zu erschaffen - konzentriere dich einfach weiterhin auf deine Absicht und nutze alle deine Sinne, um deine Visualisierung zum Leben zu erwecken.

Vorteile von Meditation in der Hexenheilkunde

Meditation ist eine Praxis, die seit Tausenden von Jahren zur Förderung körperlichen, geistigen und emotionalen Wohlbefindens genutzt wird. Im Kontext der Hexenheilkunde kann Meditation ein kraftvolles Werkzeug sein, um sich zu erden, sich zu zentrieren und mit dem inneren Selbst zu verbinden. Hier sind einige der Vorteile, Meditation in deine Hexenheilkunde-Praxis einzubinden:

Kultiviert Achtsamkeit: Meditation lehrt dich, bewusst auf deine Gedanken, Gefühle und Empfindungen zu achten, ohne sie zu bewerten. Durch die Teilnahme an Achtsamkeitsübungen kannst du ein größeres Selbstbewusstsein entwickeln und deine Sensibilität für deine inneren Erfahrungen erhöhen.

Reduziert Stress und Angst: Meditation hat sich gezeigt, dass sie Symptome von Angst und Depression verringert und Gefühle von Frieden und Entspannung steigert. Durch die Integration von Meditation in deine Hexenheilkunde-Praxis kannst du lernen, mit Stress umzugehen und deine Emotionen effektiver zu regulieren.

Stärkt spirituelle Verbindung: Meditation kann dir dabei helfen, eine tiefere Verbindung mit dem Göttlichen, der natürlichen Welt und deinem inneren Selbst aufzubauen. Regelmäßige

Meditationspraxis kann deine spirituelle Verbindung stärken und dir helfen, innere Ruhe und Ausrichtung zu finden.

Erschließt innere Weisheit: Meditation kann dir helfen, deine Intuition und innere Weisheit zu entwickeln, indem sie mentale Stille und Innenschau fördert. Dies kann besonders hilfreich sein, wenn du schwierige Emotionen durcharbeitest oder wichtige Entscheidungen triffst.

Vorteile der Visualisierung in der Hexenheilkunde

Visualisierung ist eine Technik, bei der du deine Vorstellungskraft nutzt, um mentale Bilder oder Szenen zu erschaffen. Im Kontext der Hexenheilkunde kann Visualisierung ein kraftvolles Werkzeug sein, um deine Wünsche zu manifestieren, negative Emotionen loszulassen und dich mit deinem inneren Selbst zu verbinden. Hier sind einige der Vorteile, Visualisierung in deine Hexenheilkunde-Praxis einzubeziehen:

Manifestiert Wünsche: Visualisierung kann dir helfen, deine Ziele und Wünsche zu klären und ein mentales Bild dessen zu erschaffen, was du in deinem Leben manifestieren möchtest. Indem du deine Absicht und Aufmerksamkeit auf dein gewünschtes Ergebnis lenkst, kannst du die Wahrscheinlichkeit erhöhen, dass es Wirklichkeit wird.

Löst negative Emotionen: Visualisierung kann auch dazu verwendet werden, negative Emotionen wie Angst, Ärger und Traurigkeit loszulassen. Indem du dir ein mentales Bild davon erschaffst, wie diese Emotionen deinen Körper verlassen, kannst du beginnen, sie loszulassen und Platz für positive Emotionen zu schaffen.

Verbindet mit dem inneren Selbst: Visualisierung kann dir dabei helfen, deine innere Weisheit und Intuition anzusprechen. Du kannst beginnen, deine Gedanken, Gefühle und Handlungen mit dieser Vision in Einklang zu bringen, indem du dir ein mentales Bild von dir selbst als vollständig, gesund und selbstbestimmt erschaffst.

Fördert Selbstwertgefühl: Visualisierung kann auch dazu verwendet werden, das Selbstbewusstsein zu stärken. Indem du dir ein Bild von dir selbst erschaffst, das selbstbewusst und kompetent ist, kannst du diese Qualitäten in deinen Alltag integrieren.

Die Integration von Meditation und Visualisierung in deine Hexenheilkunde-Praxis

Eine wirksame Strategie, um mit deinem inneren Selbst zu kommunizieren, deine Intuition zu aktivieren und positive Veränderungen in deinem Leben herbeizuführen, ist die Integration von Meditations- und Visualisierungsübungen in deine Hexenheilkunde-Routine. Meditation und Visualisierung sind Praktiken, die seit Tausenden von Jahren in verschiedenen spirituellen und heilenden Traditionen verwendet werden und auch als wirksame Werkzeuge zur Stressbewältigung und Angstbewältigung anerkannt sind.

Meditation ist eine Praxis, bei der der Geist darauf trainiert wird, sich auf den gegenwärtigen Moment zu konzentrieren, oft durch

Atemtechniken und geleitete Vorstellungen. Visualisierung hingegen beinhaltet die Nutzung der Vorstellungskraft, um lebendige mentale Bilder zu erschaffen, die Entspannung, Heilung und persönliches Wachstum fördern. Zusammen können diese Praktiken dir dabei helfen, deinen Geist zu beruhigen, tiefere Bewusstseinsebenen zu erreichen und ein größeres Gefühl von innerem Frieden und Wohlbefinden zu entwickeln.

Die Integration von Meditation und Visualisierung in deine Hexenheilkunde-Praxis kann auf verschiedene Arten erfolgen, abhängig von deinen Vorlieben und Bedürfnissen. Hier sind einige Ideen, um dich zu inspirieren:

Beginne mit den Grundlagen: Wenn du noch neu in Meditation oder Visualisierung bist, kann es hilfreich sein, mit einigen grundlegenden Techniken zu beginnen, um dich mit der Praxis vertraut zu machen. Einfache Atem-Meditationen oder geführte Visualisierungen können ein guter Ausgangspunkt sein. Es gibt viele Ressourcen online oder in Büchern, die dich durch diese Praktiken führen können.

Mache es zu einer täglichen Gewohnheit: Kontinuität ist entscheidend, wenn es um Meditation und Visualisierung geht. Versuche, jeden Tag zur gleichen Zeit einige Minuten für deine Praxis einzuplanen, selbst wenn es nur wenige Minuten sind. Dies kann dir helfen, eine Routine zu etablieren und es einfacher machen, an deiner Praxis festzuhalten.

Schaffe einen dedizierten Raum: Reserviere einen Raum in deinem Zuhause, der sich ruhig und friedvoll anfühlt, und verwende ihn als deinen Meditations- und Visualisierungsraum. Dies kann dir helfen, eine Atmosphäre der Heiligkeit um deine Praxis zu schaffen und es einfacher machen, dich zu konzentrieren.

Nutze Requisiten und Werkzeuge: Es gibt viele Requisiten und Werkzeuge, die deine Meditations- und Visualisierungspraxis unterstützen können. Manche Menschen nutzen Kerzen, Räucherstäbchen oder Kristalle, um eine beruhigende Atmosphäre zu schaffen. Andere bevorzugen geführte Meditationen oder Visualisierungsskripte.

Setze eine Absicht: Bevor du mit deiner Praxis beginnst, nimm dir einen Moment Zeit, um eine Absicht für das zu setzen, was du erreichen möchtest. Dies kann dir helfen, deinen Geist zu fokussieren und deine Energie auf ein bestimmtes Ziel auszurichten.

Integriere Bewegung: Bewegung kann eine kraftvolle Möglichkeit sein, deine Meditations- und Visualisierungspraxis zu unterstützen. Du könntest versuchen, sanfte Yoga-Posen oder Dehnübungen einzubeziehen oder einfach einen achtsamen Spaziergang in der Natur zu machen.

Übe Dankbarkeit: Dankbarkeit ist eine kraftvolle Emotion, die Gefühle von Freude und Zufriedenheit fördern kann. Überlege, eine Dankbarkeitspraxis in deine Meditations- und Visualisierungsroutine zu integrieren, indem du dir jeden Tag einige Augenblicke Zeit nimmst, um über das nachzudenken, wofür du dankbar bist.

Insgesamt sind Meditation und Visualisierung kraftvolle Techniken zur Förderung persönlichen Wachstums und Heilung in der Hexenheilkunde. Durch die Anwendung dieser Techniken kannst du ein tieferes Selbstbewusstsein entwickeln, Stress und Angst reduzieren, Entspannung fördern und positive Ergebnisse und Erfahrungen erschaffen. Um Meditation und Visualisierung in deine Hexenheilkunde-Praxis zu integrieren, ist es wichtig, klare Absichten zu setzen, deine Aufmerksamkeit zu fokussieren und regelmäßig zu üben. Diese Techniken können in deine Hexenheilkunde-Behandlungssitzungen eingebunden werden, um deine Erfahrung zu verbessern und eine tiefere Heilung und persönliche Entwicklung zu fördern.

Zauberarbeit und Rituale

Spellwork und Rituale sind kraftvolle Werkzeuge zur Förderung persönlichen Wachstums und Heilung in der Hexenheilkunde. Diese Rituale beinhalten die Verwendung von okkulten Symbolen, Beschwörungen und Handgesten, um deine Absicht und Energie auf ein bestimmtes Ergebnis zu lenken. In diesem Abschnitt werden die Vorteile von Spellwork und Ritualen in der Hexenheilkunde erläutert und Ratschläge gegeben, wie du diese Techniken in deiner eigenen Praxis nutzen kannst.

Was ist Spellwork?

Spellwork ist die Kunst, deine Energie und Absicht auf ein bestimmtes Ziel oder Ergebnis zu lenken, indem du symbolische Objekte, Beschwörungen und Gesten verwendest. Kerzen, Kristalle, Kräuter und andere Gegenstände können in Zaubersprüchen verwendet werden, um deine Absicht physisch zu manifestieren. Sie können auch das Rezitieren von Beschwörungen, das Ausführen von Gesten oder andere rituelle Handlungen beinhalten, um die Kraft deiner Absicht zu verstärken.

In der Hexenheilkunde ist Spellwork eine kraftvolle Technik, um Heilung und persönliche Entwicklung zu fördern. Du kannst ein stärkeres Gefühl der Absicht und des Zwecks entwickeln, indem du eine physische Repräsentation deines Ziels erstellst und rituelle Handlungen einsetzt, um deine Energie zu fokussieren. Spellwork kann dir auch helfen, die Auswirkungen deiner Absicht zu verstärken und deine bewussten und unbewussten Gedanken in Einklang zu bringen.

Wie praktiziert man Spellwork in der Hexenheilkunde?

Spellwork ist ein kraftvolles Werkzeug, um die universelle Energie zu kanalisieren und günstige Veränderungen in deinem Leben herbeizuführen. Spellwork kann ein wirksames Instrument sein, um deine Ziele zu erreichen und dein volles Potenzial auszuschöpfen, egal ob du emotionale Heilung, finanziellen Überfluss oder eine gesteigerte Selbstwahrnehmung suchst. Hier sind einige Tipps für das Aussprechen von Zaubersprüchen in der magischen Therapie:

1. *Wähle deine Absicht*

Es ist wichtig, deine Absicht festzulegen, bevor du Zaubersprüche aussprichst. Dies kann das Setzen eines spezifischen Ziels oder Wunsches beinhalten, den du manifestieren möchtest, wie verbesserte Gesundheit, gesteigerten Wohlstand oder eine tiefere spirituelle Verbindung. Wähle bei der Festlegung deiner Absicht so präzise und detailliert wie möglich. Verwende positive Affirmationen und Symbole, um während deiner Praxis fokussiert und mit deinem Ziel verbunden zu bleiben.

2. *Sammle deine Werkzeuge*

Abhängig von der Art des Zauberspruchs, den du gestaltest, und deinen persönlichen Vorlieben, kannst du eine Vielzahl von Werkzeugen und Materialien in der Spellwork verwenden. Neben traditionelleren Werkzeugen wie Zauberstäben, Athamen und Kesseln gehören dazu auch häufig Kerzen, Kräuter, Kristalle und ätherische Öle. Wähle Werkzeuge, die deine Absicht unterstützen und dir helfen, deine Energie und Intention zu fokussieren.

3. *Bereite deinen Raum vor*

Das Schaffen eines heiligen Raumes ist entscheidend für die Spellwork, da es dir ermöglicht, dich mit dem Universum zu verbinden und dich auf deine Absicht zu konzentrieren. Du könntest dies in deinem Zuhause tun, indem du einen Altar oder einen heiligen Ort einrichtest oder einfach einen Platz klärst, an dem du dich bequem hinsetzen oder stehen und deine Energie konzentrieren kannst.

4. Ziehe deinen Kreis

Indem du einen Kreis ziehst, kannst du dich und deinen Raum mit Schutz umgeben und die Energie deiner Spellwork steigern. Dies könnte bedeuten, dass du dir vorstellst, eine schützende Energiesphäre um dich und deinen Raum zu ziehen, bestimmte Worte oder Symbole zu verwenden oder beides.

5. Fokussiere deine Energie und Intention

Nachdem du deine Absicht festgelegt, deine Werkzeuge gesammelt und deinen Raum vorbereitet hast, ist es an der Zeit, deine Energie und Intention darauf zu lenken, dein Ziel zu erreichen. Dies könnte bedeuten, dass du deine Energie und Absicht durch das Rezitieren von Affirmationen oder Zaubersprüchen, die dir dabei helfen, dich zu konzentrieren, oder durch die Verwendung von Visualisierungstechniken, um das gewünschte Ergebnis vorzustellen, fokussierst.

6. Lasse deine Energie in das Universum los

Nachdem du deine Energie und Absicht auf dein Ziel fokussiert hast, ist es wichtig, deine Energie in das Universum loszulassen und darauf zu vertrauen, dass sie dir in Form positiver Veränderungen zurückgegeben wird. Dies könnte bedeuten, dass du eine Kerze auspustest, ein Symbol deiner Absicht in den Wind freilässt oder einfach vorstellst, dass deine Absicht in das Universum losgelassen wird.

7. Erdung und Zentrierung

Nach dem Abschluss jeglicher Spellwork ist es wichtig, sich zu erden und zu zentrieren, um sicherzustellen, dass du mit der

Energie des Universums verbunden bleibst und deine Konzentration und Absicht beibehältst. Dies könnte bedeuten, dass du ein paar tiefe Atemzüge nimmst, meditierst oder ein Erdungsritual durchführst, wie z.B. barfuß in der Natur zu gehen oder einen Erdungskristall zu halten.

Was ist Ritual?

Ritual ist die Praxis, sich in symbolische Handlungen oder Verhaltensweisen zu begeben, um ein Gefühl der Verbindung zu einer höheren Macht oder spirituellen Energie zu schaffen. Rituale können das Ausführen spezifischer Handlungen beinhalten, wie das Anzünden von Kerzen, das Rezitieren von Gebeten oder die Durchführung von Meditationen oder Visualisierungsübungen. Sie können auch die Schaffung einer spezifischen Atmosphäre oder Umgebung beinhalten, wie zum Beispiel die Verwendung von Räucherstäbchen oder anderen Aromatherapie-Produkten.

In der Hexenheilkunde ist Ritual ein kraftvolles Werkzeug, um Heilung und persönliche Entwicklung zu fördern. Durch symbolische Handlungen oder Verhaltensweisen kannst du eine Verbindung zu deinem höheren Selbst, dem Göttlichen oder spiritueller Energie herstellen. Rituale können auch die Entwicklung von Absicht und Fokus unterstützen, was die Ergebnisse therapeutischer Sitzungen verbessern kann.

Wie man Ritual in der Hexenheilkunde praktiziert

Rituale spielen eine bedeutende Rolle in der Hexenheilkunde, da sie uns helfen, uns mit der universellen Energie zu verbinden und positive Veränderungen in unserem Leben herbeizuführen. Das Üben von Ritualen kann dir dabei helfen, deine Routine zu entwickeln und eine Verbindung zu deinem wahren Selbst herzustellen, egal ob du emotionale Heilung, spirituelle Entwicklung oder eine gesteigerte Selbstwahrnehmung anstrebst. Die folgenden Ratschläge sollen dir dabei helfen, Rituale in der Hexenheilkunde zu praktizieren:

1. Setze deine Absicht

Das Setzen deiner Absicht ist entscheidend, bevor du ein Ritual beginnst. Dies kann das Festlegen eines bestimmten Ziels oder Wunsches beinhalten, den du manifestieren möchtest, oder einfach das Fokussieren deiner Aufmerksamkeit auf einen bestimmten Aspekt deines Lebens, den du verbessern möchtest. Wenn du deine Absicht setzt, sei so präzise und detailliert wie möglich. Verwende während deiner Praxis erhebende Affirmationen und

Visualisierungen, um dich fokussiert und mit deinem Ziel verbunden zu halten.

2. Sammle deine Werkzeuge

Abhängig von deinen persönlichen Vorlieben und der Art des Rituals, das du durchführst, können eine Vielzahl von Werkzeugen und Materialien verwendet werden. Kerzen, Kristalle, Kräuter und ätherische Öle sind typische Instrumente, zusammen mit traditionelleren Gegenständen wie Zauberstäben, Athamen und Kesseln. Wähle Werkzeuge, die deine Absicht unterstützen und dir helfen, deine Energie und Intention zu fokussieren.

3. Bereite deinen Raum vor

Die Schaffung eines heiligen Raumes ist ein wichtiger Teil des Rituals, da dies ermöglicht, dass du dich mit der Energie des Universums verbindest und deine Aufmerksamkeit auf deine Absicht lenkst. Du könntest dies in deinem Zuhause tun, indem du einen Altar oder einen heiligen Ort einrichtest, oder du könntest einfach einen Bereich klären, wo du dich bequem hinsetzen oder stehen und deine Energie konzentrieren kannst.

4. Ziehe deinen Kreis

Indem du einen Kreis ziehst, kannst du dich und deinen Raum mit Schutz umgeben und die Energie des Rituals verstärken. Dies könnte bedeuten, dass du spezielle Worte oder Symbole verwendest, um deinen Kreis zu ziehen, oder es könnte einfach bedeuten, dass du dir vorstellst, dass eine schützende Kugel aus Energie sowohl dich als auch den Ort, an dem du dich befindest, umgibt.

5. *Rufe die Elemente an*

Durch die Verwendung der Elemente kannst du die Stärke und Unterstützung der Energien des Universums für dein Ritual beschwören. Du könntest dies tun, indem du dich auf die Energien des Universums konzentrierst und sie darum bittest, dich in deiner Praxis zu lenken und zu unterstützen, oder du könntest die Elemente von Erde, Luft, Feuer und Wasser anrufen.

6. *Führe dein Ritual durch*

Nachdem du deine Absicht gesetzt, deine Werkzeuge gesammelt, deinen Raum vorbereitet, deinen Kreis gezogen und die Elemente gerufen hast, ist es Zeit, dein Ritual durchzuführen. Dies könnte bedeuten, dass du bestimmte Worte oder Beschwörungen rezitierst, Visualisierungstechniken verwendest, um eine mentale Vorstellung deines gewünschten Ergebnisses zu schaffen, oder einfach deine Energie und Absicht auf dein Ziel fokussierst.

7. *Lasse deine Energie in das Universum los*

Nach Abschluss deines Rituals ist es wichtig, deine Energie in das Universum loszulassen und darauf zu vertrauen, dass sie dir in Form positiver Veränderungen zurückgegeben wird. Dies könnte bedeuten, dass du eine Kerze auspustest, ein Symbol deiner Absicht in den Wind freilässt oder einfach vorstellst, dass deine Absicht in das Universum losgelassen wird.

8. *Erdung und Zentrierung*

Nach dem Praktizieren des Rituals ist es wichtig, sich zu erden und zu zentrieren, um sicherzustellen, dass du mit der Energie des

Universums verbunden bleibst und deine Konzentration und Absicht aufrechterhältst. Dies könnte bedeuten, dass du ein paar tiefe Atemzüge nimmst, meditierst oder ein Erdungsritual durchführst, wie z.B. barfuß in der Natur zu gehen oder einen Erdungskristall zu halten.

Vorteile von Zauberarbeit und Ritualen in der Hexenheilkunde

Förderung der Verbindung mit dem Göttlichen

Einer der Hauptvorteile von Zauberarbeit und Ritualen in der Hexenheilkunde besteht in ihrer Fähigkeit, eine Verbindung mit dem Göttlichen herzustellen. Viele Praktizierende glauben, dass sie durch die Arbeit mit Elementen wie Kräutern, Kerzen und Kristallen die Energien der Erde und des Universums anzapfen und mit Gottheiten und Geistwesen in Kontakt treten können. Diese Verbindung kann in schwierigen Zeiten ein Gefühl von Trost, Führung und Unterstützung bieten und den Menschen helfen, sich spirituell geerdet und verbunden zu fühlen.

Förderung von Achtsamkeit und Fokus

Zauberarbeit und Rituale erfordern viel Fokus und Aufmerksamkeit für Details, was den Menschen helfen kann, achtsamer und präsenter im Moment zu sein. Das Üben von Achtsamkeit hat zahlreiche Vorteile, darunter eine Verringerung von Stress und Angst, eine verbesserte kognitive Funktion und eine gesteigerte emotionale Regulation. Indem Menschen Zauberarbeit und Rituale in ihre Praxis einbeziehen, können sie ein Gefühl von Achtsamkeit und Fokus entwickeln, das ihnen in allen Lebensbereichen zugutekommen wird.

Förderung der persönlichen Ermächtigung

Die Fähigkeit von Zauberarbeit und Ritualen, persönliche Ermächtigung zu fördern, ist einer der stärksten Vorteile der Hexenheilkunde. Indem Menschen an Zaubersprüchen und Ritualen teilnehmen, die dazu dienen, bestimmte Ziele zu erreichen, können sie ein Gefühl von Handlungsfähigkeit und Kontrolle über ihr Leben erfahren. Dies kann Menschen motivieren, Maßnahmen zu ergreifen und Veränderungen herbeizuführen, was besonders hilfreich für diejenigen sein kann, die sich hilflos oder in ihrer aktuellen Situation festgefahren fühlen.

Förderung der Selbstfürsorge

Die Hexenheilkunde verwendet viele Zauber und Rituale, die darauf abzielen, Selbstliebe und Selbstfürsorge zu fördern. Zum Beispiel kann ein Ritual, das ein entspannendes Bad mit Kräutern und Ölen beinhaltet, den Menschen helfen, sich mehr genährt und umsorgt zu fühlen, während ein Schutzzauber den Menschen helfen kann, sich sicherer zu fühlen. Indem Menschen Selbstfürsorge-Praktiken in ihre Hexenheilkunde-Praxis einbeziehen, können sie ihre eigenen Bedürfnisse und ihr Wohlbefinden priorisieren und eine stärkere Grundlage für persönliches Wachstum und Heilung schaffen.

Förderung von Kreativität und Vorstellungskraft

Zauberarbeit und Rituale sind äußerst kreative Praktiken und erfordern von den Menschen, ihre Vorstellungskraft zu nutzen, um ihre Absichten zu visualisieren und zu manifestieren. Dies kann ein mächtiges Werkzeug für Menschen sein, die in anderen Lebensbereichen mit Kreativität oder Vorstellungskraft zu kämpfen haben. Durch die Teilnahme an Zauberarbeit und Ritualen können Menschen ihre kreativen Fähigkeiten stärken und lernen, außerhalb der Box zu denken, um Lösungen für Probleme zu finden.

Förderung eines Gemeinschaftsgefühls

Schließlich kann die Ausübung von Zauberarbeit und Ritualen in einer Gruppeneinstellung ein Gefühl von Gemeinschaft und Zugehörigkeit fördern. Viele Hexen praktizieren in Gruppen, und die Teilnahme an Gruppenritualen und -zeremonien kann den Menschen ein Gefühl von Unterstützung und Kameradschaft geben. Dieses Gemeinschaftsgefühl kann für Menschen, die sich isoliert oder von anderen in ihrem täglichen Leben entfremdet fühlen, besonders wichtig sein.

Integration von Zauberarbeit und Ritualen in deine Hexenheilkunde-Praxis

Setze deine Absichten

Der erste Schritt, um Zauberarbeit und Rituale in deine Hexenheilkunde-Praxis zu integrieren, besteht darin, deine Absichten festzulegen. Was möchtest du durch deine Praxis erreichen? Auf welche Bereiche deines Lebens möchtest du dich konzentrieren? Sei konkret und klar in dem, was du manifestieren möchtest.

Wähle deine Werkzeuge und Materialien aus

Nachdem du deine Absichten festgelegt hast, kannst du die Werkzeuge und Materialien auswählen, die du verwenden wirst, um deine Praxis zu unterstützen. Dazu können Kerzen, Kristalle, Kräuter und andere Ritualobjekte gehören. Wähle Gegenstände, die mit deinen Absichten in Resonanz stehen und für dich eine Bedeutung haben.

Erstelle dein Ritual oder deinen Zauber

Verwende deine Absichten und ausgewählten Materialien als Leitfaden, um ein Ritual oder einen Zauber zu erstellen, der deine Ziele unterstützt. Dies könnte das Schreiben einer spezifischen Beschwörung, das Gestalten einer Ritualstruktur oder das Auswählen bestimmter Objekte sein, die du in deiner Praxis verwenden möchtest.

Engagiere dich in deiner Praxis

Nachdem du dein Ritual oder deinen Zauber erstellt hast, ist es Zeit, dich in deine Praxis zu vertiefen. Setze einen bestimmten Zeitpunkt und Ort für dein Ritual oder deine Zauberarbeit fest und nimm dir Zeit, um dich vollständig in die Erfahrung einzutauchen. Nutze alle deine Sinne und konzentriere deine Energie auf deine Absicht.

Reflektiere über deine Erfahrung

Nach deiner Praxis nimm dir Zeit, um über deine Erfahrung nachzudenken. Was hast du gelernt? Hast du Verschiebungen oder Veränderungen in deiner Energie oder Perspektive bemerkt? Nutze diese Zeit der Reflexion, um deine Selbstwahrnehmung zu vertiefen und auf deinem spirituellen Wachstum aufzubauen.

Zusammenfassend sind Zauberarbeit und Rituale kraftvolle Werkzeuge, um persönliches Wachstum und Heilung in der Hexenheilkunde zu fördern. Durch die Verwendung von symbolischen Objekten, Beschwörungen und Gesten kannst du deine Energie und Absicht auf ein bestimmtes Ziel oder Ergebnis lenken. Darüber hinaus können Zauberarbeit und Rituale dazu beitragen, die Kraft deiner Absicht zu verstärken und ein Gefühl von Ausrichtung zwischen deinem bewussten und unbewussten Geist herzustellen. Klare Ziele zu setzen, deine Energie zu konzentrieren und regelmäßig an diesen Aktivitäten teilzunehmen, sind entscheidend, wenn du Zauberarbeit und Rituale in deine Hexenheilkunde-Praxis integrieren möchtest. Durch dies kannst du deine Erfahrung verbessern und eine tiefere Heilung und psychische Entwicklung fördern.

Divination und Tarot-Kartenlegen

Die Hexenheilkunde verwendet starke Werkzeuge wie Wahrsagung und Tarotkarten, um Heilung und persönliche Entwicklung zu fördern. Diese Techniken nutzen symbolische Werkzeuge, um ein Verständnis für deine Gedanken, Gefühle und Erfahrungen zu entwickeln. In diesem Abschnitt werden wir die Vorteile von Tarot-Lesen und Wahrsagung in der Hexenheilkunde untersuchen und einige Ratschläge geben, wie du diese Techniken in deine eigene Praxis integrieren kannst.

Was ist Wahrsagung?

Die Praxis der Wahrsagung besteht darin, symbolische Objekte zu verwenden, um Einblicke in deine Gedanken, Gefühle und Erfahrungen zu gewinnen. Astrologie, Numerologie und Runen sind nur einige Beispiele für die vielen verschiedenen Arten von Wahrsagung. Jede Art von Wahrsagung hat ihre eigenen Vorteile, aber sie alle haben das gemeinsame Ziel, die Selbstwahrnehmung und das Verständnis zu fördern.

In der Hexenheilkunde ist die Wahrsagung eine kraftvolle Technik, um Heilung und persönliche Entwicklung zu fördern. Du kannst ein größeres Selbstbewusstsein entwickeln und Klarheit über deinen Handlungsweg erlangen, indem du symbolische Werkzeuge verwendest, um Einblicke in deine Gedanken, Gefühle und Erfahrungen zu gewinnen. Ein Gefühl der Selbststärkung und eine Verringerung von Angst sind zwei weitere Vorteile der Wahrsagung.

Wie man Wahrsagung in der Hexenheilkunde praktiziert

Die Praxis der Wahrsagung besteht darin, Werkzeuge und Methoden zu verwenden, um die Zukunft vorherzusagen, die Gegenwart besser zu verstehen oder sich selbst zu erkennen. Wahrsagung kann in der Hexenheilkunde ein Werkzeug für spirituelle Verbindung, Selbstwahrnehmung und persönliche Entwicklung sein. Die folgenden Anleitungen sind für die Verwendung von Wahrsagung in der Hexenheilkunde:

1. Wähle dein Werkzeug

Es gibt viele verschiedene Werkzeuge, die für die Wahrsagung verwendet werden können, von Tarotkarten über Orakelkarten, Runen, Pendel bis hin zu Spiegeln und Kristallkugeln. Wähle ein Werkzeug, das dich anspricht und mit dem du dich wohl fühlst.

2. *Lerne dein Werkzeug kennen*

Nachdem du dich für ein Werkzeug entschieden hast, ist es wichtig, es gut kennenzulernen. Lerne die Symbolik und Bedeutungen der Karten oder Symbole kennen, um eine tiefere Verbindung und ein besseres Verständnis mit dem Werkzeug zu entwickeln.

3. *Erschaffe einen heiligen Raum*

Das Schaffen eines heiligen Raums ist wichtig für die Wahrsagung, da es dir ermöglicht, mit den Kräften des Universums und deiner Intuition zu kommunizieren. Dies kann das Einrichten eines speziellen Altars oder eines heiligen Platzes in deinem Zuhause beinhalten oder einfach das Finden eines ruhigen, friedlichen Ortes, an dem du dich ausruhen und deine Energie konzentrieren kannst.

4. *Setze deine Absicht*

Bevor du mit einer Wahrsagungspraxis beginnst, ist es wichtig, deine Absicht festzulegen. Dies könnte das Stellen einer bestimmten Frage oder das Eingrenzen eines Bereichs deines Lebens sein, in dem du Führung wünschst. Sei klar und präzise bei der Festlegung deiner Absicht und verwende positive Affirmationen und Visualisierungen, um während deiner Praxis konzentriert und mit deinem Ziel verbunden zu bleiben.

5. *Mische und ziehe deine Karten/Symbole*

Nachdem du deine Absicht festgelegt und deinen heiligen Raum geschaffen hast, ist es Zeit, deine Karten oder Symbole zu mischen und deine erste Karte oder dein erstes Symbol zu ziehen. Nimm dir Zeit und konzentriere deine Energie auf deine Absicht, während du die Karten oder Symbole mischst und ziehst, und vertraue darauf, dass das Universum dir die Botschaft geben wird, die du hören musst.

6. *Interpretiere die Botschaft*

Nachdem du deine Karten oder Symbole gezogen hast, ist es Zeit, die Botschaft zu interpretieren, die sie dir geben. Dies könnte das Studium der Symbolik und Bedeutungen der Karten oder Symbole beinhalten oder einfach das Zulassen deiner Intuition, während du dich mit der Energie des Universums verbindest.

7. *Ergreife Maßnahmen*

Nach der Interpretation der Botschaft ist es wichtig, Maßnahmen zu ergreifen, um sie in dein Leben zu integrieren. Dies könnte spezifische Veränderungen oder Handlungen beinhalten, die auf der erhaltenen Führung basieren, oder einfach das Zulassen der Botschaft, deine Gedanken und Handlungen in einem allgemeineren Sinne zu leiten.

8. *Reflektiere und überprüfe*

Nach deiner Wahrsagungspraxis ist es wichtig, einige Zeit zu reflektieren und die erhaltene Botschaft zu bewerten und etwaige Aktionen zu überprüfen, die du als Ergebnis der erhaltenen Ratschläge unternommen hast. Dadurch kannst du deine Praxis vertiefen und einen größeren Einblick in dich selbst und die Welt um dich herum gewinnen.

Was ist eine Tarot-Lesung?

Um Einblicke in deine Gedanken, Gefühle und Erfahrungen zu erhalten, wird ein Kartenspiel in einer speziellen Art der Wahrsagung namens Tarot-Lesung verwendet. Jede Tarot-Karte hat eine spezifische Bedeutung, und die Karten werden verwendet, um eine Erzählung oder Geschichte zu erstellen, die deine aktuelle Situation widerspiegelt.

In der Hexentherapie ist das Tarot-Lesen eine wirksame Technik zur Förderung von Heilung und persönlicher Entwicklung. Du kannst ein besseres Bewusstsein für dich selbst entwickeln und Richtung für deine Zukunft gewinnen, indem du Tarot-Karten verwendest, um Einblicke in deine Gedanken, Gefühle und Erfahrungen zu erhalten. Das Tarot-Lesen kann auch dazu beitragen, Ängste zu lindern und ein Gefühl der Stärkung zu fördern.

Wie man das Tarot-Lesen in der Hexentherapie praktiziert

Tarot-Lesungen verwenden ein Deck mit 78 Karten, eine häufige Form der Wahrsagung, um Informationen über die Vergangenheit, Gegenwart und Zukunft bereitzustellen. Das Tarot-Lesen kann ein kraftvolles Werkzeug für spirituelle Verbindung, Selbstbewusstsein und persönliche Entwicklung in der Hexentherapie sein. Hier sind einige Tipps für das Tarot-Lesen in der Hexentherapie:

1. *Wähle dein Deck*

Tarot-Decks gibt es in vielfältigen Variationen, jedes mit einem eigenen Stil und Bedeutung. Wenn du ein Deck auswählst, ist es wichtig, eines zu wählen, das dich anspricht und mit dem du dich wohlfühlst. Das Thoth-Deck, das Wild Unknown-Deck und das Rider-Waite-Smith-Deck sind einige bekannte Karten.

2. *Lerne dein Deck kennen*

Es ist wichtig, dich mit deinen Tarot-Karten vertraut zu machen, sobald du deine Auswahl getroffen hast. Um eine stärkere Verbindung mit dem Deck herzustellen und die Bedeutung jeder Karte besser zu verstehen, nimm dir Zeit, um die Symbolik und Bedeutung jeder Karte zu erlernen und übe regelmäßig damit.

3. *Erschaffe einen heiligen Raum*

Das Tarot-Lesen erfordert das Erschaffen eines heiligen Raumes, um eine Verbindung zu den Energien des Universums und deiner Intuition herzustellen. Dies kann das Erstellen eines speziellen

Altars oder heiligen Platzes in deinem Zuhause bedeuten, oder es kann einfach bedeuten, einen ruhigen, besinnlichen Ort zu finden, an dem du dich ausruhen und deine Energie konzentrieren kannst.

4. *Setze deine Absicht*

Das Setzen einer Absicht ist vor jeder Tarot-Lesung entscheidend. Dies kann das Formulieren einer spezifischen Frage oder eines Bereichs deines Lebens sein, zu dem du Führung erhalten möchtest, oder einfach das Bitten um allgemeine Führung und Einsicht. Sei klar und konkret bei der Setzung deiner Absicht und nutze positive Affirmationen und Visualisierungen, um während deiner Praxis konzentriert und verbunden mit deinem Ziel zu bleiben.

5. *Mische und ziehe deine Karten*

Nachdem du deine Absicht gesetzt und deinen heiligen Raum geschaffen hast, ist es Zeit, dein Tarot-Deck zu mischen und deine Karten zu ziehen. Nimm dir Zeit und konzentriere deine Energie auf deine Absicht, während du mischst und die Karten ziehst, und vertraue darauf, dass das Universum dich zur Botschaft führen wird, die du hören musst.

6. *Interpretiere die Botschaft*

Nachdem du deine Karten gezogen hast, ist es Zeit, die Botschaft zu interpretieren, die sie dir mitteilen. Dies kann das Studieren der Symbolik und Bedeutung der Karten bedeuten oder einfach das Zulassen deiner Intuition, dich zu führen, während du dich mit der Energie des Universums verbindest.

7. Setze die Botschaft in die Tat um

Nach der Interpretation der Botschaft ist es wichtig, Maßnahmen zu ergreifen, um sie in dein Leben zu integrieren. Dies kann das Vornehmen spezifischer Veränderungen oder das Ergreifen konkreter Maßnahmen sein, die auf der erhaltenen Führung basieren, oder einfach das Zulassen der Botschaft, deine Gedanken und Handlungen in einem allgemeineren Sinne zu leiten.

8. Reflektiere und überprüfe

Nach Abschluss deiner Tarot-Lesung ist es wichtig, dir Zeit zu nehmen, um über die erhaltene Botschaft nachzudenken und jede aufgrund der erhaltenen Führung ergriffene Maßnahme zu überprüfen. Dies kann dir helfen, deine Praxis zu vertiefen und eine größere Erkenntnis über dich selbst und die Welt um dich herum zu erlangen.

Vorteile von Wahrsagerei und Tarot-Lesen in der Hexentherapie

Wahrsagerei ist die Praxis, Erkenntnisse über die Zukunft oder das Unbekannte durch übernatürliche Mittel zu suchen. Tarot-Lesen ist eine der beliebtesten Formen der Wahrsagerei und wird oft in der Hexentherapie als Werkzeug für persönliches Wachstum, Selbstbewusstsein und spirituelle Verbindung verwendet. Hier sind einige Vorteile von Tarot-Karten und Wahrsagerei in der Hexentherapie:

Gewinne Einblick und Klarheit

Die Fähigkeit, Verständnis und Klarheit über dein Leben zu erlangen, ist einer der Hauptvorteile von Wahrsagerei und Tarot-Lesen in der Hexentherapie. Tarot-Karten werden als Spiegel des

Unterbewusstseins angesehen und können verborgene Tendenzen, Vorstellungen und Gefühle aufdecken, die sich auf dein Leben auswirken könnten. Durch Wahrsagerei und Tarot-Lesen kannst du dich selbst und deine Situation besser verstehen und die Perspektive und Klarheit gewinnen, die du brauchst, um voranzukommen.

Verbinde dich mit deiner Intuition

Du kannst dich durch die Verwendung von Wahrsagerei und Tarot-Lesen mit deiner Intuition und inneren Weisheit verbinden. Indem du dich für die Botschaften der Welt öffnest und empfänglich machst, kannst du mehr über deine eigene innere Stimme und Intuition erfahren. Dies kann dir helfen, informiertere Entscheidungen zu treffen, deinen Instinkten zu vertrauen und ein größeres Selbstbewusstsein zu entwickeln.

Entwickle eine tiefere spirituelle Verbindung

Du kannst deine spirituellen Verbindungen zum Universum und zum Göttlichen durch die Verwendung von Wahrsagerei und Tarot-Lesen stärken. Indem du dich mit der spirituellen Welt und den Energien des Universums verbindest, kannst du mehr Wissen, Richtung und Weisheit erlangen. Dies kann dir helfen, dich mehr als Teil der Welt um dich herum zu fühlen und mehr Sinn und Zweck in deinem Leben zu finden.

Lasse negative Emotionen los

Tarot-Lesen und Wahrsagerei sind effektive Methoden, um negative Gefühle und Energie loszulassen. Durch die Verbindung mit der Energie des Universums und deines eigenen Unterbewusstseins kannst du negative Gedanken, Überzeugungen und Emotionen loslassen, die dich einschränken könnten. Dies kann eine größere persönliche Entwicklung und Heilung fördern und dich leichter, energiegeladener und optimistischer fühlen lassen.

Identifiziere und überwinde Hindernisse

Durch Wahrsagerei und Tarot-Lesen kannst du auch Hindernisse identifizieren und überwinden, die deinem persönlichen Wachstum und deiner Entwicklung im Weg stehen könnten. Durch das Verständnis deiner Umstände sowie deiner eigenen Gedanken und Überzeugungen kannst du eine Strategie entwickeln, um Hindernisse zu überwinden und deine Ziele zu erreichen. Dadurch kannst du dich mehr in Kontrolle fühlen und das Vertrauen in deine Fähigkeit entwickeln, das Leben zu gestalten, das du möchtest.

Entwickle ein größeres Selbstbewusstsein

Durch die Verwendung von Wahrsagerei und Tarot-Lesen kannst du dein Selbstbewusstsein und Verständnis deiner eigenen Gedanken, Gefühle und Verhaltensweisen verbessern. Indem du Einblicke in deinen eigenen Geist und die Energie um dich herum gewinnst, kannst du Muster, Ideen und Emotionen erkennen, die dich daran hindern könnten, voranzukommen oder dir schaden könnten. Dadurch kannst du möglicherweise dein Leben zum Besseren verändern und dich selbst mehr akzeptieren und verstehen.

Verbessere deine Beziehungen

Wahrsagerei und Tarot-Lesen können auch ein mächtiges Werkzeug sein, um deine Beziehungen zu anderen zu verbessern. Durch ein besseres Verständnis deiner eigenen Emotionen und Verhaltensweisen kannst du ein tieferes Verständnis für andere und ihre Standpunkte entwickeln. Dies kann zu effektiverer Kommunikation, Konfliktlösung und der Entwicklung dauerhafter, befriedigender Verbindungen mit den Menschen in deinem Leben führen.

Die Integration von Wahrsagerei und Tarot-Lesen in deine Hexentherapie-Praxis

Das Einbinden von Wahrsagerei und Tarot-Lesen in deine Hexentherapie-Sitzungen kann eine sehr effektive Möglichkeit sein, Klarheit, Richtung und Einblick auf deinem Weg zur Heilung und persönlichen Entwicklung zu gewinnen. Hier sind einige Tipps, wie du das Tarot-Lesen und die Wahrsagerei in deine Hexentherapie-Praxis einbinden kannst:

Wähle ein Deck, das dir zusagt

Tarot-Decks gibt es in vielfältigen Variationen, jedes mit seiner eigenen speziellen Symbolik und Ausstrahlung. Es ist wichtig, ein Deck auszuwählen, das dir zusagt und sich für deine einzigartigen Vorlieben und deinen Stil richtig anfühlt, wenn du deine Auswahl triffst. Du könntest etwas Zeit investieren, um verschiedene Decks zu erforschen und Bewertungen zu lesen, um eins zu finden, das sich für dich richtig anfühlt.

Nimm dir Zeit, um dich mit deinem Deck zu verbinden

Bevor du dein Tarot-Deck für Wahrsagerei oder Lesungen verwendest, ist es wichtig, dir Zeit zu nehmen, um dich damit zu verbinden und eine Beziehung aufzubauen. Du könntest etwas Zeit damit verbringen, mit deinem Deck zu meditieren, die Karten zu mischen und die Symbolik und Energie jeder Karte kennenzulernen. Dadurch kannst du eine tiefere Verbindung zu deinem Deck herstellen und dich beim Tarot-Lesen und der Wahrsagerei wohler und selbstbewusster fühlen.

Setze deine Absicht

Vor jeder Wahrsagerei oder Tarot-Lesung ist es wichtig, deine Absicht zu setzen und deine Energie auf die Frage oder das Thema zu konzentrieren, das du erforschen möchtest. Du könntest etwas Zeit damit verbringen, zu meditieren oder über deine Absicht nachzudenken, bevor du mit deiner Lesung beginnst, und Visualisierung oder andere Techniken verwenden, um dich mit der Energie der Karten und des Universums zu verbinden.

Wähle ein Legesystem, das zu deiner Absicht passt

Es gibt viele verschiedene Tarot-Legesysteme, die du für Wahrsagerei und Lesungen verwenden kannst, jedes mit seiner eigenen einzigartigen Struktur und Symbolik. Bei der Auswahl eines Legesystems ist es wichtig, eines auszuwählen, das zu deiner Absicht passt und dir dabei hilft, Einblicke und Klarheit über das Thema oder die Frage zu gewinnen, die du erforschen möchtest. Du könntest etwas Zeit damit verbringen, verschiedene Legesysteme zu erforschen und verschiedene Layouts auszuprobieren, um das für dich am besten geeignete zu finden.

Praktiziere Selbstfürsorge

Wahrsagerei und Tarot-Lesen können emotional intensiv sein und manchmal schwierige oder herausfordernde Emotionen hervorrufen. Es ist wichtig, vor, während und nach deinen Lesesitzungen Selbstfürsorge zu praktizieren, um geerdet und ausgeglichen zu bleiben. Du könntest etwas Zeit mit Meditation oder Entspannungstechniken vor und nach deiner Lesung verbringen und sicherstellen, dass du dich in einer komfortablen und sicheren Umgebung befindest.

Reflektiere über deine Lesung

Es ist wichtig, nach jeder Wahrsagerei oder Tarot-Lesung über deine Erfahrungen nachzudenken und Tagebuch darüber zu schreiben, was du herausgefunden und erfahren hast. Dies kann dir bei der Integration deines Lernens helfen und dir helfen, dich selbst und deine Situation besser zu verstehen. Du könntest auch etwas Zeit zum Meditieren, Nachdenken über die Lesung oder Verwenden anderer Methoden zum Verbinden mit den Energien des Universums und der Karten reservieren.

Suche nach Führung und Unterstützung

Wenn du neu in der Wahrsagerei oder im Tarot-Lesen bist oder wenn du schwierige Emotionen oder Herausforderungen erlebst, kann es hilfreich sein, Führung und Unterstützung von einem vertrauenswürdigen Praktiker oder Mentor zu suchen. Du könntest in Erwägung ziehen, einer örtlichen Hexerei- oder Tarot-Lese-Gruppe beizutreten oder nach Online-Ressourcen und Gemeinschaften zu suchen, die Anleitung und Unterstützung bieten.

Insgesamt sind Wahrsagerei und Tarot-Lesen kraftvolle Werkzeuge zur Förderung persönlichen Wachstums und Heilung in der Hexentherapie. Indem du symbolische Werkzeuge verwendest, um Einblicke in deine Gedanken, Emotionen und Erfahrungen zu gewinnen, kannst du ein tieferes Selbstbewusstsein entwickeln und Klarheit über deinen Weg nach vorne gewinnen. Darüber hinaus können diese Praktiken dazu beitragen, Angst zu reduzieren und ein Gefühl der Stärkung zu fördern. Um Wahrsagerei und Tarot-Lesen in deine Hexentherapie-Praxis einzubinden, ist es wichtig, klare Absichten zu setzen, deine Aufmerksamkeit zu konzentrieren und regelmäßig zu üben. Dadurch kannst du deine Erfahrung verbessern und eine tiefere Heilung und persönliches Wachstum fördern.

Herbalismus und Aromatherapie

Herbalismus und Aromatherapie sind kraftvolle Techniken zur Förderung persönlichen Wachstums und Heilung in der Hexentherapie. Diese Methoden verbessern das körperliche, emotionale und spirituelle Wohlbefinden, indem sie die therapeutischen Vorteile von Pflanzen und ätherischen Ölen nutzen. In diesem Abschnitt werden die Vorteile von Herbalismus und Aromatherapie in der Hexentherapie erläutert und Ratschläge gegeben, wie du diese Techniken in deine eigene Praxis integrieren kannst.

Was ist Herbalismus?

Herbalismus bezeichnet die Nutzung der therapeutischen Eigenschaften von Pflanzen, um das körperliche, emotionale und spirituelle Wohlbefinden zu fördern. Seit Tausenden von Jahren nutzen die Menschen Pflanzen als Medizin, und auch heute ist Herbalismus eine beliebte Form der Naturheilkunde. Zahlreiche Krankheiten, einschließlich Angstzustände, Depressionen, Schlaflosigkeit und chronische Schmerzen, können mit pflanzlichen Behandlungen behandelt werden.

In der Hexentherapie ist Herbalismus ein wirksames Werkzeug zur Förderung von Heilung und psychischer Entwicklung. Durch die Nutzung der Heilkräfte von Pflanzen kannst du dein physisches und emotionales Wohlbefinden unterstützen und ein tieferes Gefühl der Verbundenheit mit der natürlichen Welt fördern. Herbalismus kann auch dazu beitragen, den Geist zu beruhigen und Spannungen abzubauen.

Wie praktiziert man Herbalismus in der Hexentherapie?

1. Forschung: Es ist wichtig, vor der Einführung neuer Kräuter in deine Praxis Forschung zu betreiben. Erfahre mehr über ihre Eigenschaften und Verwendungen, um sicherzustellen, dass die von dir verwendeten Kräuter für dich sicher sind. Achte auf mögliche Wechselwirkungen mit verschreibungspflichtigen Medikamenten und anderen medizinischen Problemen.

2. Wähle deine Kräuter: Nachdem du deine Forschung durchgeführt hast, wähle die Kräuter aus, die zu deinen Zielen passen. Kräuter können aufgrund ihrer medizinischen Eigenschaften, ihrer Symbolik oder ihrer Verbindung zu einer bestimmten Gottheit oder einem bestimmten Geist ausgewählt werden.

3. Bereite deine Kräuter vor: Die Zubereitung von Kräutertees, Tinkturen, Salben und Räucherwerk sind nur einige der vielen Möglichkeiten, wie du deine Kräuter für die Verwendung in der Hexentherapie vorbereiten kannst. Forsche nach verschiedenen Methoden und wähle diejenige aus, die sich für dich richtig anfühlt.

4. Integriere Kräuter in deine Praxis: Nachdem du deine Kräuter vorbereitet hast, füge sie in dein Hexenritual ein. Sie können in deine tägliche Routine einbezogen werden oder in Rituale, Zaubersprüche und Meditationen verwendet werden.

5. Arbeite mit Absicht: Es ist wichtig, mit Absicht zu handeln, wenn du Kräuter in deiner Praxis verwendest. Sei konkret bezüglich deiner Ziele und gewünschten Ergebnisse, wenn du deine Absicht für das Kraut setzt. Dies wird dir helfen, dich während der Verwendung des Krauts geistig zu konzentrieren.

6. Praktiziere Achtsamkeit: Es ist wichtig, darauf zu achten, wie dein Körper auf die Kräuter reagiert, sowie auf Veränderungen in deiner Energie oder Gefühlen. Beachte die Wirkungen, die die Pflanze auf dich hat, und passe deine Praxis gegebenenfalls an.

7. Respektiere die Pflanzen: Wenn du mit Pflanzen arbeitest, sei respektvoll und dankbar. Sei achtsam bezüglich deiner Auswirkungen auf die Umwelt und danke der Pflanze dafür, dass sie dir Energie und heilende Eigenschaften zur Verfügung stellt.

Was ist Aromatherapie?

Aromatherapie bezeichnet die Anwendung ätherischer Öle zur Förderung des körperlichen, emotionalen und spirituellen Wohlbefindens. Ätherische Öle werden aus Pflanzen gewonnen und sind konzentrierte Düfte und Medikamente. In der alternativen Medizin ist die Aromatherapie beliebt und kann zur Behandlung verschiedener Beschwerden wie Stress, Angstzuständen und Depressionen eingesetzt werden.

In der Hexentherapie ist Aromatherapie eine kraftvolle Technik zur Förderung von Heilung und persönlicher Entwicklung. Du kannst eine stärkere Verbindung zur Natur fördern, Stress reduzieren und geistiges sowie körperliches Wohlbefinden steigern, indem du ätherische Öle verwendest.

Wie man Aromatherapie in der Hexentherapie praktiziert:

Schritt 1: Wähle deine ätherischen Öle

Die Auswahl der ätherischen Öle, die du verwenden möchtest, ist der erste Schritt bei der Anwendung von Aromatherapie in der Hexentherapie. Es gibt viele verschiedene Düfte von ätherischen Ölen, und jede Sorte hat besondere Eigenschaften, die deine Stimmung, Vitalität und allgemeines Wohlbefinden beeinflussen können. Es ist wichtig, Öle auszuwählen, die mit deinen Absichten und Bedürfnissen in Resonanz stehen. Wenn du beispielsweise an der Heilung emotionaler Wunden arbeitest, könntest du ätherische Öle wie Lavendel, Kamille oder Weihrauch wählen.

Schritt 2: Wähle deine Anwendungsmethode

Nachdem du deine ätherischen Öle ausgewählt hast, ist der nächste Schritt, zu entscheiden, wie du sie verwenden möchtest. Ätherische Öle können topisch aufgetragen, in der Luft verteilt oder dem Badewasser oder Massageöl zugesetzt werden. Jede Methode hat ihre Vorteile, und die Wahl hängt von deinen Vorlieben und Bedürfnissen ab. Wenn du zum Beispiel Entspannung fördern und Ängste reduzieren möchtest, könnte das Verteilen von ätherischen Ölen in der Luft oder das Hinzufügen zum Badewasser am effektivsten sein.

Schritt 3: Bereite deinen Raum vor

Bevor du Aromatherapie in der Hexentherapie praktizierst, ist es wichtig, einen gemütlichen und einladenden Raum zu schaffen. Du kannst Kerzen anzünden, Räucherwerk verbrennen oder sanfte Musik abspielen, um die Atmosphäre zu verbessern. Du kannst auch ein Ritual um deine Aromatherapie-Praxis herum gestalten, wie zum Beispiel das Anzünden einer Kerze oder das Sprechen eines Gebets, bevor du deine Öle verteilst.

Schritt 4: Verdünne deine ätherischen Öle

Es ist wichtig, ätherische Öle vor der topischen Anwendung zu verdünnen. Ätherische Öle sind stark und können die Haut reizen, wenn sie direkt aufgetragen werden. Gemäß der allgemeinen Faustregel sollte für jeden Tropfen ätherisches Öl ein Löffel Trägeröl, wie Mandel- oder Jojobaöl, hinzugefügt werden. Das Öl kann dann auf die Haut aufgetragen werden, zum Beispiel auf die Handgelenke oder Schläfen.

Schritt 5: Verteile deine ätherischen Öle

Die medizinischen Vorteile von ätherischen Ölen können durch das Verteilen in der Luft erzielt werden. Du kannst ein paar Tropfen Öl auf ein Wattebäuschen oder Taschentuch geben, in eine Schüssel mit heißem Wasser geben oder einen Diffuser verwenden. Der Duft kann dann eingeatmet werden und den Raum erfüllen.

Schritt 6: Verwende ätherische Öle in einer Massage oder im Bad

Eine weitere Möglichkeit, Aromatherapie in der Hexentherapie zu praktizieren, besteht darin, ätherische Öle zu einem Massageöl oder ins Badewasser hinzuzufügen. Du kannst ein paar Tropfen ätherisches Öl mit einem Trägeröl wie Mandel- oder Kokosöl mischen und es für eine Selbstmassage oder Partnermassage verwenden. Das Hinzufügen von ein paar Tropfen ätherischen Öls zu deinem Badewasser kann dir auch bei der Entspannung und Förderung des Wohlbefindens helfen.

Schritt 7: Reinige deinen Raum

Nachdem du Aromatherapie in der Hexentherapie praktiziert hast, ist es wichtig, deinen Raum zu reinigen, um negative Energie oder Rückstände zu entfernen. Du kannst Werkzeuge wie Salbei, Palo Santo oder Räucherwerk verwenden, um deinen Raum zu reinigen und eine saubere und einladende Atmosphäre zu schaffen.

Vorteile von Kräuterkunde in der Hexentherapie:

Körperliche Heilung: Viele Kräuter haben starke Heilungseigenschaften, die dabei helfen können, körperliche Beschwerden zu lindern und das allgemeine Wohlbefinden zu fördern. Zum Beispiel wird Lavendel oft verwendet, um Stress und Angst zu lindern, während Kamille für ihre beruhigende Wirkung auf Körper und Geist bekannt ist. Echinacea wird häufig zur Unterstützung des Immunsystems verwendet, und Ingwer kann bei der Verdauung helfen und Übelkeit lindern.

Emotionale Heilung: Kräuter können auch genutzt werden, um seelisches Gleichgewicht und Heilung zu fördern. Zum Beispiel ist Beifuß bekannt für seine Fähigkeit, Intuition und Traumarbeit zu verbessern, während Rosenblüten häufig in Liebeszaubern und Zeremonien verwendet werden, um Selbstliebe und Mitgefühl zu fördern. Ein beliebtes Mittel gegen Angst- und Depressionssymptome ist das Johanniskraut.

Verbindung zur Natur: Kräuterkunde ist ein Mittel, um eine Verbindung zur natürlichen Welt und zur Natur herzustellen. Du kannst deine Verbindung zur Erde und den Jahreszeiten stärken, indem du Kräuter in deine Hexenrituale einbeziehst.

Spirituelles Wachstum: Kräuterkunde kann auch ein wirksames Instrument für spirituelle Entwicklung und Wachstum sein. Durch die Arbeit mit Pflanzen und ihren Energien kannst du ein tieferes Verständnis von dir selbst und deiner Verbindung zur Welt um dich herum gewinnen.

Vorteile von Aromatherapie in der Hexentherapie

Aromatherapie hat viele Vorteile, wenn sie in die Hexentherapie integriert wird. Hier sind einige Möglichkeiten, wie Aromatherapie dir auf deiner Heilungsreise helfen kann:

Fördert Entspannung: Viele ätherische Öle haben eine beruhigende Wirkung auf Körper und Geist. Sie können dabei helfen, Stress und Angst abzubauen, Entspannung zu fördern und die Schlafqualität zu verbessern.

Verbessert Fokus und Konzentration: Einige ätherische Öle können dazu beitragen, Fokus und Konzentration zu verbessern, wodurch sie während Meditations- und Visualisierungspraktiken nützlich sein können.

Lindert körperliche Beschwerden: Bestimmte ätherische Öle haben entzündungshemmende und schmerzlindernde Eigenschaften, die dazu beitragen können, körperliche Beschwerden und Schmerzen zu lindern.

Unterstützt die emotionale Heilung: Ätherische Öle können die emotionale Heilung unterstützen, indem sie Gefühle von Ruhe, Ausgeglichenheit und Erdung fördern.

Fördert die spirituelle Verbindung: Viele ätherische Öle haben eine starke Verbindung zur Spiritualität und können dazu beitragen, ein tieferes Gefühl der Verbundenheit mit dem Göttlichen zu fördern.

Die Integration von Kräuterkunde und Aromatherapie in deine Hexentherapie-Praxis

Um Kräuterkunde und Aromatherapie in deine Hexentherapie-Praxis zu integrieren, ist es wichtig, hochwertige Zutaten auszuwählen, klare Absichten zu setzen und regelmäßig zu üben. Du könntest Aromatherapie und Kräuterkunde in deine tägliche Selbstfürsorge-Routine einbeziehen oder sie als Teil deiner geplanten Therapiesitzungen nutzen. Hier sind einige Tipps, um Aromatherapie und Kräuterkunde in deine Hexentherapie-Praxis einzubinden:

Wähle hochwertige Zutaten: Für die besten Ergebnisse wähle hochwertige Kräuter und ätherische Öle aus. Suche nach Zutaten, die biologisch und nachhaltig beschafft sind.

Setze klare Absichten: Setze klare Ziele für deine Praxis der Aromatherapie und Kräuterkunde. Dies könnte bedeuten, dich auf ein bestimmtes Problem zu konzentrieren, das du lösen möchtest, wie zum Beispiel Stress oder Angst. Indem du klare Absichten setzt, gibst du deiner Praxis einen klaren Fokus.

Bereite deine Heilmittel vor: Bereite deine Kräuterheilmittel und ätherischen Öle sorgfältig vor, indem du hochwertige Zutaten verwendest und sorgfältig auf Anweisungen achtest. Dadurch werden die besten Ergebnisse erzielt.

Verwende deine Heilmittel: Nutze deine Kräuterheilmittel und ätherischen Öle als Teil deiner regelmäßigen Selbstfürsorge-Routine. Dies kann beinhalten, vor dem Schlafengehen Kräutertee zu trinken, um Entspannung zu fördern, oder ätherische Öle in einem Diffusor zu verwenden, um eine beruhigende Atmosphäre zu schaffen.

Zusammenfassend sind Kräuterkunde und Aromatherapie kraftvolle Techniken zur Förderung von persönlichem Wachstum und Heilung in der Hexentherapie. Indem du die Heilungseigenschaften von Pflanzen und ätherischen Ölen nutzt, kannst du dein körperliches, emotionales und spirituelles Wohlbefinden unterstützen und ein tieferes Gefühl der Verbundenheit zur natürlichen Welt fördern. Zusätzlich können diese Praktiken helfen, Stress zu reduzieren und ein Gefühl der Ruhe zu fördern. Um Kräuterkunde und Aromatherapie in deine Hexentherapie-Praxis zu integrieren, ist es wichtig, hochwertige Zutaten auszuwählen, klare Absichten zu setzen und regelmäßig zu üben. Dadurch kannst du deine Erfahrung verbessern und eine tiefere Heilung und persönliches Wachstum fördern.

Kapitel IV

Anwendung der Hexerei-Therapie für persönliches Wachstum

Überwindung negativer Muster und Verhaltensweisen

Die Anwendung der Hexentherapie zur persönlichen Verbesserung erfordert das Überwinden destruktiver Muster und Handlungen. Negative Muster und Verhaltensweisen können uns davon abhalten, unsere Ziele zu erreichen und ein erfülltes Leben zu führen. Mit den Konzepten der Hexentherapie können wir diese negativen Gewohnheiten und Verhaltensweisen erkennen und beseitigen, was zu einem positiveren und zufriedenstellenderen Leben führt. In diesem Abschnitt werden einige wichtige Verfahren zur Anwendung der Hexentherapie zur Überwindung negativer Gewohnheiten und Verhaltensweisen erläutert.

Identifizierung negativer Muster und Verhaltensweisen

Die Identifizierung negativer Muster und Verhaltensweisen ist der erste Schritt, um sie loszuwerden. Selbstsabotage, negative Selbstgespräche und Prokrastination sind nur einige Beispiele für negative Muster und Verhaltensweisen. Das Führen eines Tagebuchs und das Verfolgen Ihrer Gedanken, Gefühle und Verhaltensweisen kann dabei hilfreich sein, unerwünschte Muster und Gewohnheiten zu erkennen. Auf diese Weise können Sie beginnen, Muster und Handlungen zu erkennen, die Sie daran hindern könnten, voranzukommen.

Die Verwendung der Hexentherapie zur Überwindung negativer Muster und Verhaltensweisen

Sobald Sie negative Muster und Verhaltensweisen identifiziert haben, können Sie die Hexentherapie nutzen, um sie zu

überwinden. Hier sind einige wichtige Schritte, die Sie befolgen
können:

Setzen Sie eine Absicht

Setzen Sie eine Absicht, um Ihre negativen Muster und
Verhaltensweisen zu überwinden. Dies kann bedeuten, sich auf ein
bestimmtes Problem zu konzentrieren, das Sie lösen möchten, wie
zum Beispiel Prokrastination oder ungünstige Selbstgespräche.
Indem Sie Ihre Absichten klar formulieren, können Sie Ihrem
Handeln eine klare Richtung geben und sich Ihren Zielen näher
bringen.

Klären Sie Ihre Energie

Verwenden Sie Methoden wie ritualisierte Energiereinigung,
Meditation und Visualisierung, um Ihre Energie zu klären. Durch
das Klären Ihrer Energie können Sie negative Gefühle und
Gedanken beseitigen und Platz für eine positivere und klarere
persönliche Entwicklung schaffen.

Verwenden Sie positive Affirmationen

Verwenden Sie positive Affirmationen, um negative
Selbstgespräche zu ersetzen. Sie können Ihre Gedanken und
Überzeugungen ändern, indem Sie sich ermutigende Aussagen
wiederholen, z. B. die Affirmation "Ich bin fähig und würdig,
meine Ziele zu erreichen". Dadurch können Sie negative
Selbstgespräche ersetzen und das Selbstvertrauen stärken.

Erschaffen Sie eine neue Erzählung

Erschaffen Sie eine neue Erzählung für sich selbst, indem Sie sich auf positive Ergebnisse und Möglichkeiten konzentrieren. Durch das Schaffen einer neuen Geschichte können Sie Ihre Gedanken und Überzeugungen verändern, was Ihnen dabei hilft, ein glücklicheres und erfüllteres Leben zu führen.

Praktizieren Sie Achtsamkeit

Die Praxis der Achtsamkeit ermöglicht es Ihnen, im Hier und Jetzt präsent zu sein und sich Ihrer inneren Erfahrungen bewusst zu sein. Durch die Praxis der Achtsamkeit können Sie destruktive Muster und Verhaltensweisen erkennen, wenn sie auftreten, und dann Maßnahmen ergreifen, um sie zu ändern. Dies ermöglicht es Ihnen, Fortschritte bei der Erreichung Ihrer Ziele zu machen.

Verwenden Sie Rituale und Zaubersprüche

Nutzen Sie Rituale und Zaubersprüche, um Ihre Ziele für die persönliche Entwicklung zu unterstützen und Ihre Ambitionen zu stärken. Zum Beispiel könnten Sie ein Zauberfläschchen mit Kräutern und Kristallen erstellen, um Ihr Selbstvertrauen zu stärken und negative Gedanken über sich selbst zu stoppen.

Vorteile der Überwindung negativer Muster und Verhaltensweisen mit Hilfe der Hexentherapie

Die Verwendung der Hexentherapie, um sich von destruktiven Mustern und Gewohnheiten zu befreien, kann viele positive Auswirkungen haben, darunter:

Erhöhte Selbstwahrnehmung: Durch die Identifizierung negativer Muster und Verhaltensweisen können Sie eine tiefere Selbstwahrnehmung und ein besseres Verständnis Ihrer Gedanken, Emotionen und Handlungen entwickeln.

Erhöhtes Selbstvertrauen: Die Verwendung von positiven Affirmationen und die Schaffung einer neuen Erzählung für sich selbst können das Selbstvertrauen stärken und den Glauben an die eigenen Fähigkeiten erhöhen.

Verringerte Stress- und Angstgefühle: Dies kann durch die Praxis der Achtsamkeit sowie durch Energiereinigungspraktiken erreicht werden, die auch zu einem Gefühl der Ruhe und des allgemeinen Wohlbefindens beitragen können.

Erhöhte persönliche Entwicklung: Wenn Sie die Hexentherapie nutzen, um destruktive Muster und Routinen zu überwinden, können Sie die persönliche Entwicklung fördern und sich Ihren Zielen näher bringen.

Die Integration der Überwindung von negativen Mustern und Verhaltensweisen in Ihre Hexentherapie-Praxis

Wenn Sie die Überwindung problematischer Muster und Verhaltensweisen in Ihre Hexentherapie-Praxis integrieren möchten, ist es wichtig, klare Absichten zu haben, regelmäßig zu üben und geduldig mit sich selbst zu sein. Es braucht Zeit und Mühe, schädliche Gewohnheiten und Verhaltensweisen zu durchbrechen, aber wenn Sie beharrlich und engagiert sind, können Sie Ihre Ziele erreichen und ein Leben schaffen, das positiver und erfüllender ist. Hier sind einige Vorschläge, die Ihnen dabei helfen können, diese Praxis in Ihre Hexentherapie-Praxis einzubeziehen:

Beginnen Sie mit kleinen Schritten

Beginnen Sie mit kleinen Schritten, um negative Muster und Verhaltensweisen zu überwinden. Wenn zum Beispiel Prokrastination ein Problem für Sie ist, setzen Sie sich zunächst ein kleines Ziel und arbeiten Sie jeden Tag darauf hin. Durch den Start mit kleinen Schritten können Sie Schwung aufbauen und sich Ihren Zielen näher bringen.

Verwenden Sie eine Kombination von Techniken

Um negative Muster und Verhaltensweisen zu überwinden, kombinieren Sie verschiedene Strategien. Sie könnten zum Beispiel Energiereinigungstechniken, Achtsamkeit und positive Affirmationen verwenden, um Ihre Absichten zu unterstützen. Die Kombination verschiedener Methoden wird Ihnen helfen, eine umfassendere und erfolgreiche Strategie für die persönliche Entwicklung zu entwickeln.

Üben Sie regelmäßig

Um Schwung zu bekommen und sich Ihren Zielen zu nähern, üben Sie regelmäßig. Nehmen Sie sich jeden Tag Zeit für Rituale wie Energiereinigungsrituale, Meditation oder Visualisierung. Regelmäßiges Üben hilft Ihnen, eine dauerhafte und konsistente Strategie für die persönliche Entwicklung zu entwickeln.

Seien Sie geduldig mit sich selbst

Seien Sie geduldig mit sich selbst und feiern Sie Ihren Fortschritt auf dem Weg. Die Überwindung negativer Muster und Verhaltensweisen braucht Zeit und Mühe, und es ist wichtig, sich selbst gegenüber freundlich und mitfühlend zu sein, während Sie an Ihren Zielen arbeiten.

Insgesamt erfordert die Anwendung von Hexentherapie zur persönlichen Verbesserung, die Überwindung destruktiver Muster und Handlungen. Wir können gesündere und erfülltere Leben führen, wenn wir unsere schlechten Gewohnheiten und Verhaltensweisen erkennen und loswerden können. Klare Ziele setzen, regelmäßig üben und eine Vielzahl von Strategien einsetzen, sind entscheidend, um die Hexentherapie einzusetzen, um schlechte Gewohnheiten und Verhaltensweisen zu durchbrechen. Sie können Ihre Ziele erreichen und ein glücklicheres, erfüllteres Leben schaffen. Erinnern Sie sich daran, Ihre Erfolge zu schätzen, Geduld mit sich selbst zu haben und Ihren Zielen treu zu bleiben.

Entwicklung von Selbstbewusstsein und Selbstakzeptanz

Einer der wichtigsten Bestandteile der Nutzung von Hexentherapie zur persönlichen Verbesserung ist die Entwicklung von Selbstbewusstsein und Selbstakzeptanz. Wir können ein glücklicheres und erfüllteres Leben führen, indem wir uns selbst besser verstehen und uns so akzeptieren, wie wir sind. Die grundlegenden Schritte zur Erreichung von Selbstbewusstsein und Selbstakzeptanz durch Hexentherapie werden in diesem Abschnitt erläutert.

Verständnis für Selbstbewusstsein

Selbstbewusstsein bedeutet, die eigenen Gedanken, Gefühle und Verhaltensweisen wahrzunehmen und zu verstehen. Es beinhaltet die Bereitschaft, Verantwortung für das eigene Handeln zu übernehmen und ehrlich zu sich selbst über Stärken und Schwächen zu sein. Selbstbewusstsein ist ein entscheidender Bestandteil der persönlichen Entwicklung, da es Ihnen ermöglicht, die Bereiche in Ihrem Leben zu identifizieren, in denen Sie Veränderungen wünschen, und mit Ihren Plänen voranzukommen.

Verwendung von Hexentherapie zur Entwicklung von Selbstbewusstsein

Hexentherapie kann ein kraftvolles Werkzeug zur Entwicklung von Selbstbewusstsein sein. Hier sind einige wichtige Schritte, denen Sie folgen können:

Praktizieren von Achtsamkeit

Durch Achtsamkeit bleiben Sie sich Ihrer Gedanken, Gefühle und Handlungen bewusst. Die Konzentration auf das Hier und Jetzt und die objektive Bewertung Ihrer Gedanken und Gefühle sind ein Teil von Achtsamkeit. Durch die Praxis der Achtsamkeit können Sie ein tieferes Verständnis für sich selbst und Ihre Gedanken und Emotionen gewinnen.

Verwenden von Tarot und Wahrsagerei

Verwenden Sie Tarot und Wahrsagerei als Werkzeuge zur Selbstreflexion und Selbstbetrachtung. Sie können Tarot und Wahrsagerei nutzen, um Erkenntnisse über Ihre Gedanken, Gefühle und Handlungen zu gewinnen und Ihnen dabei zu helfen, Bereiche zu identifizieren, in denen Sie Veränderungen wünschen.

Führen eines Tagebuchs

Das Führen eines Tagebuchs ist ein weiteres kraftvolles Werkzeug zur Entwicklung von Selbstbewusstsein. Durch das Führen eines Tagebuchs können Sie Ihre Gedanken und Gefühle im Laufe der Zeit verfolgen und Einblicke in Muster und Verhaltensweisen gewinnen, die Sie einschränken könnten.

Feedback suchen

Suchen Sie Feedback von vertrauenswürdigen Freunden, Familienmitgliedern oder einem Therapeuten. Feedback kann Ihnen helfen, Ihre Perspektive auf Ihre Gedanken, Gefühle und Handlungen anzupassen und Ihnen dabei helfen, Bereiche zu identifizieren, in denen Sie Veränderungen wünschen.

Verständnis für Selbstakzeptanz

Selbstakzeptanz bedeutet, sich selbst anzunehmen, mit all seinen Qualitäten und Schwächen. Es beinhaltet, sich so zu akzeptieren, wie man ist, und sich selbst mit Freundlichkeit und Respekt zu behandeln. Selbstakzeptanz ist ein wesentlicher Bestandteil persönlichen Wachstums, da sie es Ihnen ermöglicht, negative Selbstgespräche loszulassen und ein positiveres und erfüllteres Leben anzunehmen.

Verwendung von Hexentherapie zur Entwicklung von Selbstakzeptanz

Hexentherapie kann ein kraftvolles Werkzeug zur Entwicklung von Selbstakzeptanz sein. Hier sind einige wichtige Schritte, denen Sie folgen können:

Verwendung von positiven Affirmationen

Verwenden Sie positive Affirmationen, um negative Selbstgespräche zu ersetzen. Sie können Ihre Gedanken und Überzeugungen ändern, indem Sie sich selbst ermutigende Aussagen wiederholen. Zum Beispiel könnten Sie die Affirmation "Ich bin es wert, geliebt und respektiert zu werden" wiederholen, um negative Selbstgespräche zu bekämpfen und die Selbstakzeptanz zu stärken.

Praktizieren von Dankbarkeit

Kultivieren Sie Dankbarkeit, um Ihre Aufmerksamkeit auf die positiven Dinge in Ihrem Leben zu lenken. Durch die Äußerung von Dankbarkeit für das, was Sie in Ihrem Leben haben, können Sie Ihre Aufmerksamkeit von negativen Selbstgesprächen auf positive Selbstakzeptanz lenken.

Verwenden von Ritualen und Zaubersprüchen

Rituale und Zaubersprüche können Ihnen dabei helfen, Ihre Ziele zu erreichen und die Selbstakzeptanz zu fördern. Sie könnten zum Beispiel ein Selbstliebe-Zauberglas mit Kristallen und Kräutern erstellen, um die Selbstakzeptanz und das Selbstvertrauen zu stärken.

Unterstützung suchen

Suchen Sie Unterstützung von Freunden, Familienmitgliedern oder einem Therapeuten. Mit der richtigen Art von Unterstützung können Sie negative Muster oder Überzeugungen überwinden, die Sie daran hindern könnten, voranzukommen, und Ihre Selbstakzeptanz verbessern.

Vorteile der Entwicklung von Selbstbewusstsein und Selbstakzeptanz mit Hilfe der Hexentherapie

Die Vorteile der Anwendung von Hexentherapie zur Steigerung des Selbstbewusstseins und der Selbstakzeptanz sind vielfältig:

Gesteigertes Selbstwertgefühl: Indem man lernt, sich selbst anzunehmen und zu verstehen, kann man sein Selbstwertgefühl und Selbstbewusstsein steigern.

Vermindertes Stress- und Angstniveau: Durch die Kultivierung von Achtsamkeit und Dankbarkeit kann man innere Ruhe und allgemeines Wohlbefinden fördern.

Erhöhte persönliche Entwicklung: Wenn man sein Selbstbewusstsein und seine Selbstakzeptanz erhöht, kann man die Bereiche im Leben erkennen, in denen man Veränderungen wünscht, und Schritte unternehmen, um seine Ziele zu erreichen.

Positivere Beziehungen: Wenn man lernt, sich selbst so zu akzeptieren, wie man ist, kann man Beziehungen zu anderen Menschen pflegen, die positiver und letztendlich erfüllender sind.

Einfügen von Selbstbewusstsein und Selbstakzeptanz in Ihre Hexentherapie-Praxis

Um Selbstbewusstsein und Selbstakzeptanz in Ihre Hexentherapie-Praxis zu integrieren, ist es wichtig, klare Absichten zu setzen, regelmäßig zu üben und geduldig mit sich selbst zu sein. Hier sind einige Tipps, die Ihnen dabei helfen können, diese Praxis in Ihre Hexentherapie-Praxis einzubauen:

Beginnen Sie mit kleinen Schritten

Starten Sie mit kleinen Schritten, um Selbstbewusstsein und Selbstakzeptanz zu entwickeln. Zum Beispiel könnten Sie damit beginnen, jeden Tag Dankbarkeit zu üben oder positive Affirmationen zu verwenden, um negative Selbstgespräche zu ersetzen.

Verwenden Sie eine Kombination von Techniken

Nutzen Sie eine Kombination von Techniken, um Selbstbewusstsein und Selbstakzeptanz zu entwickeln. Zum Beispiel könnten Sie Achtsamkeit, Tarot und Wahrsagerei sowie positive Affirmationen nutzen, um Ihre Absichten zu unterstützen.

Üben Sie regelmäßig

Eine regelmäßige Praxis kann Ihnen helfen, Schwung aufzubauen und sich Ihren Zielen zu nähern. Dies könnte beinhalten, sich jeden Tag Zeit für Meditation, Tagebuchschreiben oder Selbstreflexion zu nehmen.

Seien Sie geduldig mit sich selbst

Seien Sie geduldig mit sich selbst und feiern Sie Ihren Fortschritt auf dem Weg. Die Entwicklung von Selbstbewusstsein und Selbstakzeptanz braucht Zeit und Anstrengung, und es ist wichtig, sich selbst freundlich und mitfühlend zu behandeln, während Sie an Ihren Zielen arbeiten.

Zusammenfassend lässt sich sagen, dass die Anwendung von Hexentherapie als Werkzeug für persönliche Entwicklung erfordert, dass man sowohl ein tieferes Selbstbewusstsein entwickelt als auch sich selbst akzeptiert. Wenn wir uns die Zeit nehmen, ein besseres Verständnis von uns selbst zu entwickeln und uns so anzunehmen, wie wir sind, können wir ein erfüllenderes und positiveres Leben führen. Es ist wichtig, klare Absichten zu setzen, regelmäßig zu üben und verschiedene Ansätze zu kombinieren, um Selbstbewusstsein und Selbstakzeptanz zu kultivieren, wenn man Hexentherapie praktiziert. Indem Sie dies tun, erhöhen Sie Ihre Chancen, Ihre Ziele zu erreichen und ein Leben zu führen, das erfüllender und positiver ist. Denken Sie daran, dass Sie Geduld mit sich selbst haben sollten, dass Sie Ihre Fortschritte feiern sollten und dass Sie sich Ihren Zielen verpflichtet fühlen sollten.

Stärkung der Intuition und spirituellen Verbindung

Ein wesentlicher Bestandteil der Verwendung von Hexentherapie für die persönliche Entwicklung besteht darin, Intuition und spirituelle Verbindung zu stärken. Durch die Entwicklung eines tieferen Verständnisses unserer inneren Weisheit und spirituellen Verbindung können wir ein erfüllenderes und bedeutungsvolleres

Leben erschaffen. In diesem Artikel werden wir einige der wesentlichen Schritte zur Stärkung der Intuition und spirituellen Verbindung mithilfe von Hexentherapie erkunden.

Verständnis von Intuition und spiritueller Verbindung

Die Fähigkeit, sich mit unserer inneren Weisheit zu verbinden und Entscheidungen auf dieser Grundlage zu treffen, wird als Intuition bezeichnet. Es beinhaltet, Vertrauen in sich selbst und seine Instinkte zu haben sowie den Mut, Risiken einzugehen und seinen Lebensweg zu ändern. Eine Verbindung zu etwas Größerem als uns selbst, wie das Universum, eine höhere Macht oder unsere eigene innere Weisheit, herzustellen, bedeutet, spirituell verbunden zu sein.

Verwendung von Hexentherapie zur Stärkung der Intuition und spirituellen Verbindung

Die Hexentherapie ist ein mächtiges Instrument zur Stärkung von Spiritualität und Intuition. Hier sind einige wichtige Schritte, die Sie befolgen können:

Praktiziere Meditation und Visualisierung

Um sich mit Ihrer inneren Weisheit zu verbinden und Ihre Intuition zu verbessern, erwägen Sie Meditation und Visualisierung. Während die Visualisierung visuelle Hilfsmittel verwendet, um sich mit Ihrer Intuition und spirituellen Verbindung zu verbinden, umfasst die Meditation das Beruhigen des Geistes und die Konzentration auf das Hier und Jetzt.

Nutze Tarot und Wahrsagung

Tarot und Wahrsagung sind nützliche Werkzeuge zur Entwicklung Ihrer spirituellen Verbindung und Intuition. Sie können Tarot und Wahrsagung nutzen, um ein Verständnis für Ihre Gedanken, Gefühle und Handlungen zu erlangen und um Ihnen zu helfen, Bereiche zu entdecken, in denen Sie Veränderungen wünschen.

Verbinde dich mit der Natur

Verbinde dich mit der Natur, um deine spirituelle Verbindung zu stärken. Indem du Zeit in der Natur verbringst, kannst du eine stärkere spirituelle Verbindung aufbauen und dich mit der natürlichen Welt verbinden.

Praktiziere Rituale und Zaubersprüche

Um deine spirituelle Verbindung zu vertiefen und deine Absichten zu unterstützen, praktiziere Rituale und Zaubersprüche. Du könntest zum Beispiel ein tägliches Ritual zur Anbindung an deine innere Weisheit etablieren oder Zaubersprüche verwenden, um dir bei der Erreichung deiner Ziele zu helfen.

Verständnis der Vorteile der Stärkung von Intuition und spiritueller Verbindung

Intuition und spirituelle Verbindung können aus verschiedenen Gründen gestärkt werden, darunter:

Verbesserte Entscheidungsfindung: Durch die Stärkung deiner Intuition kannst du fundiertere und zuversichtlichere Entscheidungen treffen.

Erhöhte Kreativität: Wenn du dich mit deiner inneren Weisheit verbinden kannst, kannst du deine Kreativität entfalten und neue Denkweisen und Perspektiven eröffnen.

Größeres Gefühl von Sinn und Zweck: Durch die Stärkung deiner spirituellen Verbindung kannst du ein größeres Gefühl von Sinn und Zweck in deinem Leben entwickeln.

Positivere Verbindungen: Wenn du dich mit deiner Intuition und deiner spirituellen Verbindung verbindest, kannst du positivere und erfüllendere Verbindungen mit anderen Menschen herstellen.

Einführung von Intuition und spiritueller Verbindung in Ihre Hexentherapie-Praxis

Es ist entscheidend, klare Absichten zu haben, regelmäßig zu üben und Geduld mit sich selbst zu haben, wenn Sie Intuition und spirituelle Verbindung erfolgreich in Ihre Hexentherapie-Praxis integrieren möchten. Hier sind einige Tipps, die Ihnen helfen können, diese Praxis in Ihre Hexentherapie-Praxis einzubinden:

Beginnen Sie mit kleinen Schritten

Beginnen Sie mit kleinen Schritten, um Ihre intuitiven Fähigkeiten und Ihre Verbindung zur spirituellen Welt zu verbessern. Sie könnten zum Beispiel damit beginnen, zu lernen, wie man meditiert oder Tarotkarten liest, um Einblicke in die Gedanken und Gefühle zu erhalten, die Sie derzeit erleben.

Verwenden Sie eine Kombination von Techniken

Kombinieren Sie verschiedene Strategien, um Ihre spirituelle Verbindung und Intuition zu verbessern. Sie könnten zum Beispiel Meditation, Tarotkartenlesen, Wahrsagung, Rituale und Zauber praktizieren, um Ihre Wünsche zu unterstützen.

Praktizieren Sie regelmäßig

Regelmäßige Übung hilft Ihnen dabei, Schwung aufzubauen und Fortschritte in Richtung Ihrer Ziele zu machen. Dies könnte bedeuten, jeden Tag Zeit für Meditation, Tagebuchschreiben oder die Verbindung mit der Natur zu reservieren.

Seien Sie geduldig mit sich selbst

Seien Sie geduldig mit sich selbst und feiern Sie Ihren Fortschritt auf dem Weg. Die Stärkung von Intuition und spiritueller Verbindung braucht Zeit und Mühe, und es ist wichtig, sich selbst gegenüber freundlich und mitfühlend zu sein, während Sie an Ihren Zielen arbeiten.

Zusammenfassend ist die Stärkung von Intuition und spiritueller Verbindung ein wesentlicher Bestandteil der Anwendung von Hexentherapie für persönliches Wachstum. Durch die Entwicklung eines tieferen Verständnisses unserer inneren Weisheit und spirituellen Verbindung können wir ein erfüllenderes und sinnvolleres Leben gestalten. Um die Intuition und spirituelle Verbindung mithilfe der Hexentherapie zu stärken, ist es wichtig, klare Absichten zu setzen, regelmäßig zu üben und eine Kombination von Techniken zu nutzen. Dadurch können Sie Ihre Ziele erreichen und ein positiveres und erfüllenderes Leben gestalten. Erinnern Sie sich daran, Ihre Fortschritte zu schätzen, Geduld mit sich selbst zu haben und Ihren Zielen treu zu bleiben.

Sie können Ihre spirituelle Verbindung stärken, Selbstbewusstsein und Selbstakzeptanz erhöhen und Ihre Intuition entwickeln, indem Sie die Techniken der Hexentherapie in Ihre persönliche Wachstumsreise integrieren. Diese Strategien helfen Ihnen, schlechte Gewohnheiten und Verhaltensweisen zu überwinden, emotionale und körperliche Heilung zu erfahren und ein glücklicheres, erfüllteres Leben aufzubauen.

Denken Sie daran, dass der Weg zum persönlichen Wachstum nicht immer einfach ist, und es ist wichtig, um Hilfe und Rat zu bitten, wenn Sie sie benötigen. Mit Hilfe der Hexentherapie können Sie Ihre persönliche Wachstumsreise mit der Unterstützung zusätzlicher Hilfe und Anleitung von einem Therapeuten oder spirituellen Mentor bewältigen.

Die Hexentherapie ist daher ein mächtiges Instrument für persönliche Entwicklung, das Ihnen dabei helfen kann, Ihre spirituelle Verbindung zu stärken, Selbstbewusstsein und Selbstakzeptanz zu entwickeln und Ihre innere Weisheit zu entdecken. Durch die Umsetzung von Hexentherapie-Techniken in Ihren Alltag können Sie ungünstige Muster und Verhaltensweisen überwinden, emotionale und körperliche Heilung erfahren und ein positiveres und erfüllteres Leben aufbauen.

Das Schaffen eines Gefühls von Selbstermächtigung und Selbstwert

Die Entwicklung von Selbstbewusstsein und Selbstwertgefühl ist ein wichtiger Bestandteil der Anwendung von Hexentherapie für persönliche Weiterentwicklung. Indem wir unser Selbstwertgefühl und unsere persönliche Stärke stärken, können wir unsere Ziele erreichen und ein erfüllteres Leben führen. In diesem Abschnitt werden wir uns einige der wesentlichen Schritte zur Förderung von Selbstbewusstsein und Selbstwertgefühl durch Hexentherapie ansehen.

Verständnis von Selbstbewusstsein und Selbstwertgefühl

Selbstbewusstsein bedeutet, das eigene Leben selbst in die Hand zu nehmen und Entscheidungen zu treffen, die mit den eigenen Werten und Zielen übereinstimmen. Es beinhaltet, ein Gefühl von persönlicher Stärke und Autorität zu erlangen, Risiken einzugehen und Veränderungen im eigenen Leben vorzunehmen. Um Ihre Ziele zu erreichen und ein erfülltes Leben zu führen, müssen Sie an Ihren eigenen Wert und Ihre Würdigkeit glauben.

Verwendung von Hexentherapie zur Förderung von Selbstbewusstsein und Selbstwertgefühl

Hexentherapie kann ein wirksames Mittel sein, um Selbstwertgefühl und Selbstbewusstsein zu fördern. Hier sind einige wichtige Schritte, die Sie befolgen können:

Praktizieren Sie Selbstliebe und Selbstfürsorge

Arbeiten Sie an Ihrer Selbstliebe und Selbstfürsorge, um Ihr Selbstwertgefühl zu steigern. Dies könnte bedeuten, sich jeden Tag Zeit für Selbstfürsorge-Rituale wie ein Bad oder Meditation zu nehmen oder aufbauende Affirmationen zu verwenden, um das Selbstwertgefühl zu stärken.

Verwenden Sie Zauber und Rituale

Nutzen Sie Zauber und Rituale, um sich selbst zu stärken und Ihre Absichten zu unterstützen. Sie könnten zum Beispiel einen Zauber wirken, um einen Wunsch wahr werden zu lassen oder eine Zeremonie gestalten, um Ihre Erfolge anzuerkennen.

Verbinden Sie sich mit der Gemeinschaft

Suchen Sie den Kontakt zu Gleichgesinnten, um ein Gefühl von Stärke und Unterstützung zu gewinnen. Dies kann bedeuten, sich einer Coven anzuschließen oder an Workshops und Aktivitäten im Zusammenhang mit Hexentherapie teilzunehmen.

Entwickeln Sie eine starke persönliche Praxis

Schaffen Sie eine solide persönliche Routine, die Ihre Ziele unterstützt und Ihr Gefühl von Selbstbestimmung und Handlungsfähigkeit fördert. Dies könnte die Schaffung einer täglichen Praxis beinhalten, um mit Ihrer Intuition in Verbindung zu treten, Meditation oder Visualisierung zu praktizieren oder Tarot und Wahrsagung zu verwenden, um Einblicke in Ihre Gedanken und Emotionen zu gewinnen.

Verständnis der Vorteile von Selbstbewusstsein und Selbstwertgefühl

Es gibt mehrere Vorteile, ein Gefühl von Selbstbewusstsein und Selbstwertgefühl zu entwickeln, darunter:

Gesteigertes Selbstvertrauen: Wenn Sie an Ihrem Selbstwertgefühl arbeiten, werden Sie feststellen, dass Sie mehr Selbstvertrauen sowohl in Ihre Fähigkeiten als auch in Ihre Würdigkeit haben.

Erhöhte Resilienz: Indem Sie sich mehr Autorität geben und Ihr Leben in die Hand nehmen, können Sie Ihre Widerstandsfähigkeit erhöhen und besser mit Schwierigkeiten und Hindernissen umgehen.

Positivere Beziehungen: Wenn Sie lernen, sich selbst und das, was Sie in die Welt bringen, zu schätzen, können Sie Beziehungen zu anderen Menschen aufbauen, die positiver und letztendlich erfüllender sind.

Größerer Erfolg: Wenn Sie ein Gefühl von persönlicher Stärke und Handlungsfähigkeit entwickeln, werden Sie erfolgreicher sein. Dadurch können Sie Ihre Ziele erreichen und ein erfüllteres Leben führen.

Die Integration von Selbststärkung und Selbstwertgefühl in Ihre Hexentherapie-Praxis

Um Selbststärkung und Selbstwertgefühl in Ihre Hexentherapie-Praxis einzubeziehen, ist es wichtig, klare Absichten zu setzen, regelmäßig zu üben und geduldig mit sich selbst zu sein. Hier sind einige Tipps, die Ihnen helfen können, diese Praxis in Ihre Hexentherapie-Praxis einzubinden:

Beginnen Sie mit kleinen Schritten

Um ein Gefühl von Selbstwert und Stärkung aufzubauen, ist es am besten, mit kleinen Schritten zu beginnen. Sie können zum Beispiel damit beginnen, Rituale der Selbstfürsorge zu praktizieren oder positive Affirmationen zu verwenden, um Ihr Selbstwertgefühl zu stärken.

Nutzen Sie eine Kombination von Techniken

Verwenden Sie verschiedene Strategien, um ein Gefühl von Selbstwert und Stärkung in sich selbst zu kultivieren. Um Ihre Ziele zu erreichen, könnten Sie zum Beispiel Zauber und Rituale anwenden, Verbindungen mit einer Gemeinschaft herstellen und eine persönliche Praxis entwickeln.

Üben Sie regelmäßig

Eine regelmäßige Praxis hilft Ihnen, Schwung aufzubauen und Ihren Zielen näher zu kommen. Hierfür können Sie täglich Zeit in Ihren Zeitplan einplanen, um Dinge wie Meditation, Selbstfürsorge oder das Ausüben Ihrer Hexenkunst zu praktizieren.

Seien Sie geduldig mit sich selbst

Seien Sie geduldig mit sich selbst und feiern Sie Ihren Fortschritt auf dem Weg. Es braucht Zeit und Anstrengung, um ein Gefühl von Stärkung und Selbstwertgefühl aufzubauen, und es ist wichtig, sich selbst gegenüber freundlich und mitfühlend zu sein, während Sie an der Erreichung Ihrer Ziele arbeiten, um sicherzustellen, dass Sie dies auch erreichen können.

Zusammenfassend lässt sich sagen, dass Hexentherapie, wenn sie für persönliche Weiterentwicklung verwendet wird, immer mit der Kultivierung eines Gefühls von Stärkung und Würdigkeit in sich selbst beginnen sollte. Wir können unsere Ziele erreichen und ein erfüllteres Leben führen, wenn wir ein tieferes Bewusstsein für unseren eigenen Wert und unsere Fähigkeit zur persönlichen Stärke haben. Es ist notwendig, Selbstliebe und Selbstfürsorge zu praktizieren, Zauber und Rituale zu nutzen, Verbindungen mit der Gemeinschaft herzustellen und eine effektive persönliche Praxis zu entwickeln, um ein Gefühl von Stärkung und Selbstwertgefühl durch die Verwendung von Hexentherapie zu erzeugen. Vergessen

Sie nicht, geduldig mit sich selbst zu sein, Ihre Erfolge anzuerkennen und Ihren Zielen treu zu bleiben.

Sie können Ihre spirituelle Verbindung stärken, Ihre Intuition entwickeln, Selbstbewusstsein und Selbstakzeptanz gewinnen und ein Gefühl von Stärkung und Selbstwertgefühl aufbauen, indem Sie die Hexentherapie-Techniken in Ihre persönliche Wachstumsreise integrieren. Diese Strategien helfen Ihnen, schlechte Gewohnheiten und Verhaltensweisen zu überwinden, emotionale und körperliche Heilung zu erfahren und ein gesünderes, erfüllenderes Leben aufzubauen.

Denken Sie daran, dass der Weg zum persönlichen Wachstum nicht immer einfach ist und es wichtig ist, um Hilfe und Rat zu bitten, wenn Sie sie benötigen. Mit Hilfe der Hexentherapie können Sie Ihre persönliche Wachstumsreise mit der Unterstützung und Anleitung eines Therapeuten oder spirituellen Beraters bewältigen.

Abschließend ist die Hexentherapie ein kraftvolles Werkzeug für persönliches Wachstum, das Ihnen helfen kann, eine stärkere spirituelle Verbindung aufzubauen, mit Ihrer inneren Weisheit in Verbindung zu treten, Selbstbewusstsein und Selbstakzeptanz zu entwickeln und ein Gefühl von Stärkung und Selbstwertgefühl zu entwickeln. Sie können ungesunde Gewohnheiten und Verhaltensweisen überwinden, emotionale und körperliche Heilung erfahren und ein glücklicheres, erfüllenderes Leben aufbauen, indem Sie die Hexentherapie-Techniken in Ihren Alltag integrieren.

Kapitel V

Die Hexerei-Therapie
in den Alltag integrieren

Die Entwicklung einer täglichen Hexerei-Praxis

Die Hexentherapie kann ein sehr kraftvolles Werkzeug für persönliches und spirituelles Wachstum sein, wenn Sie sie in Ihren Alltag integrieren. Die Entwicklung einer täglichen Hexenkunst-Praxis beinhaltet das Setzen von Absichten, das Etablieren von Ritualen und den Aufbau einer Verbindung zu Ihrer Intuition und spirituellen Führung. In diesem Abschnitt werden wir einige wesentliche Schritte zur Schaffung einer täglichen Hexenkunst-Praxis betrachten.

Schritt 1: Setzen Sie Absichten

Das Setzen spezifischer Absichten für Ihre Praxis ist der erste Schritt zur Schaffung einer täglichen Hexenkunst-Routine. Dies beinhaltet die Entscheidung, wie Sie die Hexenkunst-Therapie zur Förderung Ihres persönlichen Wachstums und spirituellen Entwicklungs nutzen möchten, sowie die Identifizierung Ihrer Ziele und Werte. Einige Beispiele für Absichten könnten sein:

- Eine stärkere Verbindung zu Ihrer Intuition und spirituellen Führung entwickeln

- Negative Muster und Verhaltensweisen überwinden

- Selbstliebe und Selbstakzeptanz kultivieren

- Überfluss und Wohlstand manifestieren

- Emotionale und physische Heilung erfahren

Indem Sie Ihre Absichten im Voraus klar formulieren, können Sie eine Struktur für Ihre tägliche Hexenkunst-Praxis entwickeln und Ihre Aufmerksamkeit auf Ihre Ziele lenken.

Schritt 2: Etablieren Sie Rituale

Nachdem Sie festgelegt haben, was Sie mit Ihrer Praxis erreichen möchten, ist der nächste Schritt, Rituale zu entwickeln, die Ihnen bei der Verwirklichung dieser Ziele helfen. Dies könnte das Schaffen eines heiligen Raumes für Ihre Praxis, die Auswahl spezifischer Werkzeuge oder Gegenstände für Ihre Praxis und die Entwicklung einer täglichen Routine für Ihre Praxis beinhalten. Einige Beispiele für Rituale könnten sein:

- Kerzen oder Räucherstäbchen anzünden, um eine beruhigende und meditative Atmosphäre zu schaffen

- Kristalle oder andere Gegenstände verwenden, um Ihre Intuition und spirituelle Führung zu verbinden

- Visualisierung oder Meditation üben, um Ihre Absichten zu fokussieren und mit Ihrer inneren Weisheit in Verbindung zu treten

- Tarot oder Wahrsagung einbeziehen, um Einblicke in Ihre Gedanken und Emotionen zu gewinnen

- Kräuter, Öle oder andere natürliche Heilmittel verwenden, um physische und emotionale Heilung zu unterstützen

Indem Sie Rituale etablieren, die Ihre Absichten unterstützen, können Sie eine konsistente und bedeutungsvolle tägliche Praxis schaffen.

Schritt 3: Verbinden Sie sich mit Ihrer Intuition und spirituellen Führung

Der letzte Schritt bei der Entwicklung einer täglichen Hexenkunst-Praxis besteht darin, sich mit Ihrer Intuition und spirituellen Führung zu verbinden. Dies beinhaltet das Entwickeln eines tieferen Verständnisses Ihrer eigenen inneren Weisheit und die Verbindung mit der göttlichen oder universellen Energie, die uns alle umgibt. Einige Möglichkeiten, sich mit Ihrer Intuition und spirituellen Führung zu verbinden, könnten sein:

- Achtsamkeit üben und im Moment präsent bleiben

- Meditation oder Visualisierung verwenden, um den Geist zu beruhigen und mit Ihrer inneren Weisheit in Verbindung zu treten

- Jede Form der Wahrsagung verwenden, wie zum Beispiel Tarotkarten, um Einblicke in Ihre Gefühle und Ideen zu erhalten

- Mit der Natur und ihrer Vitalität interagieren, indem Sie Zeit in der Natur verbringen

- Mantras oder Affirmationen verwenden, um Ihre Ziele zu lenken und eine Verbindung mit dem Göttlichen herzustellen

Durch die Verbindung mit Ihrer Intuition und spirituellen Führung können Sie ein besseres Verständnis von sich selbst und Ihrer Rolle in der Welt gewinnen.

Schritt 4: Baue eine Gemeinschaft auf

Das Schaffen einer Gruppe von Gleichgesinnten kann Unterstützung und Richtung bieten, während du deine tägliche Hexenkunst-Praxis etablierst. Dies könnte das Beitreten zu einer Coven oder die Teilnahme an Workshops und Aktivitäten rund um die Hexenkunst-Therapie beinhalten. Du kannst ein Gefühl von Gemeinschaft und Unterstützung gewinnen, indem du Verbindungen zu Menschen herstellst, die ähnliche Interessen und Ziele wie du haben.

Schritt 5: Übe Konsequenz

Wenn es darum geht, eine tägliche Hexenkunst-Praxis zu schaffen, ist Konsequenz entscheidend. Es ist wichtig, jeden Tag Zeit für deine Praxis einzuräumen, auch wenn es nur wenige Minuten sind. Dies kann dir helfen, Schwung aufzubauen und dich auf deine Ziele zu konzentrieren.

Schritt 6: Sei offen für Wachstum und Veränderung

Während du deine tägliche Hexenkunst-Praxis entwickelst, ist es wichtig, offen für Wachstum und Veränderung zu bleiben. Dies könnte beinhalten, neue Rituale oder Techniken auszuprobieren oder deine Absichten und Ziele zu überdenken. Indem du offen für neue Erfahrungen und Perspektiven bleibst, kannst du dich weiterentwickeln und als Person wachsen.

Tipps zur Entwicklung einer täglichen Hexenkunst-Praxis:

- Räume jeden Tag Zeit für deine Praxis ein, auch wenn es nur wenige Minuten sind.

- Beginne mit kleinen Schritten und baue im Laufe der Zeit Schwung auf.

- Experimentiere mit verschiedenen Techniken und Ritualen, um herauszufinden, was für dich am besten funktioniert.

- Sei geduldig mit dir selbst und feiere deinen Fortschritt auf dem Weg.

- Suche bei Bedarf Unterstützung und Anleitung von einem Therapeuten oder spirituellen Berater.

Vorteile einer täglichen Hexenkunst-Praxis:

Die Entwicklung einer täglichen Hexenkunst-Praxis kann eine Vielzahl von Vorteilen bieten, darunter:

- Ein tieferes Gefühl der Selbstwahrnehmung und Selbstakzeptan

- Eine stärkere Verbindung zu deiner Intuition und spirituellen Führung

- Erhöhte Widerstandsfähigkeit und Bewältigungsfähigkeiten

- Verbesserte emotionale und körperliche Gesundheit

- Größere persönliche Macht und Handlungsfähigkeit

Die Hexenkunst-Therapie kann ein sehr wirksames Werkzeug für spirituelle und persönliche Entwicklung sein, wenn du sie in dein tägliches Leben integrierst. Du kannst eine sinnvolle und lohnende tägliche Praxis entwickeln, die deine spirituelle und persönliche Entwicklung fördert, indem du Absichten setzt, Rituale etablierst, dich mit deiner Intuition und spirituellen Führung verbindest, eine Gemeinschaft schaffst, konsequent übst und offen für Wachstum und Veränderung bleibst.

Die Verbindung zur Natur und den Jahreszeiten aufrechterhalten

Du kannst deine Verbindung zur natürlichen Welt stärken und einen stärkeren Sinn für Zweck und Bedeutung im Leben entwickeln, indem du eine Verbindung zur Natur und den Jahreszeiten in deine regelmäßige Hexenkunst-Therapie-Praxis einbeziehst. Du kannst eine starke Verbindung zur natürlichen Welt aufrechterhalten und all ihre Vorteile genießen, indem du dich auf die Rhythmen der natürlichen Welt einstellst, Achtsamkeit in der Natur übst, die Jahreszeiten feierst, die Natur in deine Praxis integrierst und umweltfreundliche Praktiken anwendest.

Schritt 1: Stelle dich auf die Rhythmen der natürlichen Welt ein

Eine Verbindung zur Natur und den Jahreszeiten aufrechtzuerhalten erfordert, sich auf die Rhythmen der natürlichen Welt einzustimmen. Dies kann bedeuten, auf die Farbveränderungen der Blätter im Herbst zu achten, auf die Phasen des Mondes zu achten oder auf die Bewegungen der Sterne zu achten. Durch das Erlernen, sich auf diese Rhythmen einzustellen, können wir ein besseres

Verständnis für die Komplexität und Schönheit der natürlichen Welt gewinnen.

Täglich Zeit in der Natur zu verbringen, auch wenn es nur für kurze Zeit ist, ist eine Möglichkeit, in den Rhythmus der Zyklen einzutreten, die die natürliche Welt regieren. Dies kann uns helfen, uns stärker mit der natürlichen Welt um uns herum verbunden zu fühlen und ein Gefühl von Erdung und Gelassenheit zu vermitteln.

Schritt 2: Übe Achtsamkeit in der Natur

Eine Verbindung zur natürlichen Welt aufrechtzuerhalten erfordert auch die Teilnahme an wichtigen Aktivitäten wie der Praxis der Achtsamkeit in natürlichen Umgebungen. Dies kann bedeuten, Aktivitäten wie Wanderungen in der freien Natur zu unternehmen, Yoga oder Meditation im Freien zu praktizieren oder einfach Zeit in ruhiger Reflexion und Besinnung zu verbringen. Durch die Praxis der Achtsamkeit in der Natur können wir ein Gefühl von Gegenwärtigkeit und Bewusstheit entwickeln, die uns dabei helfen kann, eine größere Verbindung zur Welt um uns herum zu erfahren.

Gehe zum Beispiel in den Wald spazieren und konzentriere dich dabei darauf, die Umgebung mit all deinen Sinnen zu erleben. Nimm die Farben, Texturen und Düfte der Natur wahr. Lausche den Geräuschen der Tiere und Vögel. Auf diese Weise können wir unsere Verbindung zur Natur stärken und uns mehr im Moment befinden.

Schritt 3: Feiere die Jahreszeiten

Eine Verbindung zur Natur und dem Wechsel der Jahreszeiten erfordert verschiedene Aktivitäten, eine davon ist das Feiern des Wechsels der Jahreszeiten. Dies kann das Beobachten der Sonnenwenden und Tagundnachtgleichen beinhalten, das Feiern von Feiertagen und Festen, die in der Natur verwurzelt sind, oder einfach die Zeit nehmen, die wechselnden Farben und Rhythmen der natürlichen Welt zu schätzen. Indem wir die Jahreszeiten feiern, können wir uns mit den Zyklen des Lebens verbinden und uns mehr eins fühlen mit der Umwelt.

Eine Möglichkeit, den Wechsel der Jahreszeiten zu würdigen, ist das Anlegen eines Naturaltars oder -schreins für dein Zuhause oder den Außenbereich. Hier können die Natur und die verschiedenen Jahreszeiten geehrt werden. Du kannst organische Gegenstände wie Blumen, Blätter und Steine verwenden, um den Altar zu schmücken und ein Gefühl der Achtung für die natürliche Welt zu fördern.

Schritt 4: Integriere die Natur in deine Praxis

Du kannst deine Verbindung zur natürlichen Welt stärken, indem du die Natur in deine Hexenkunst-Therapie-Praktiken einbeziehst. Dies kann die Verwendung von natürlichen Materialien wie Kräutern und Kristallen in deinen Zaubersprüchen und Ritualen umfassen oder das Einrichten eines Freiluftaltars oder -schreins, um die natürliche Welt zu ehren. Du kannst durch die Integration der Natur in deine Praxis ein tieferes Gefühl der Ehrfurcht und Verbundenheit zur Natur entwickeln.

Die Verwendung von organischen Bestandteilen in deinen Zaubersprüchen und Ritualen, wie Kräutern und Kristallen, ist eine Möglichkeit, die Natur in deine Praxis einzubeziehen. Um die natürliche Welt und ihre Energie besser zu verstehen, kannst du auch Wahrsagetechniken wie Tarot nutzen.

Schritt 5: Engagiere dich in umweltfreundlichen Praktiken

Eine weitere Möglichkeit, eine Verbindung zur Natur und den Jahreszeiten aufrechtzuerhalten, besteht darin, umweltfreundliche Verhaltensweisen zu praktizieren. Wir können dazu beitragen, die natürliche Welt zu erhalten und zu schützen, mit der wir so eng verbunden sind, indem wir unseren Einfluss auf die Umwelt minimieren.

Beispiele für umweltfreundliche Verhaltensweisen sind die Reduzierung unseres Plastikverbrauchs, der sparsame Umgang mit Energie und Wasser, die Unterstützung regionaler und nachhaltiger Unternehmen, das Recycling und die Kompostierung.

Zusammenfassend kann das Aufrechterhalten einer Verbindung zur Natur und den Jahreszeiten ein wirksames Werkzeug für persönliches Wachstum und spirituelle Entwicklung sein. Indem du dich auf die Rhythmen der natürlichen Welt einstellst, Achtsamkeit in der Natur übst, die Jahreszeiten feierst, die Natur in deine Praxis integrierst und umweltfreundliche Praktiken anwendest, kannst du deine Verbindung zur natürlichen Welt vertiefen und die vielen Vorteile erleben, die damit einhergehen.

Einige zusätzliche Tipps, um eine Verbindung zur Natur und den Jahreszeiten aufrechtzuerhalten, sind:

- Studiere die Mythologie und Folklore verschiedener Kulturen in Bezug auf die Natur und die Jahreszeiten.

- Engagiere dich als Freiwilliger in Umweltorganisationen oder beteilige dich an lokalen Aufräumaktionen.

- Lerne über die heimische Flora und Fauna und ihre medizinischen oder spirituellen Eigenschaften.

- Erstelle einen Garten oder eine Pflanzenlandschaft im Innenbereich, um die Energie der Natur in dein Zuhause zu bringen.

- Praktiziere Dankbarkeit für die natürliche Welt und die Geschenke, die sie bietet.

Vorteile einer Verbindung zur Natur und den Jahreszeiten

Eine Verbindung zur Natur und den Jahreszeiten aufrechtzuerhalten, kann eine Vielzahl von Vorteilen bieten, darunter:

- Ein tieferes Gefühl der Verbindung und Ehrfurcht vor der natürlichen Welt.

- Zunahme von Gefühlen von Ruhe und Frieden.

- Verbesserte körperliche und emotionale Gesundheit.

- Ein stärkeres Gefühl von Zweck und Bedeutung im Leben.

- Eine stärkere Verbindung zum Göttlichen.

Du kannst deine Verbindung zur natürlichen Welt stärken und einen stärkeren Sinn für Zweck und Bedeutung im Leben entwickeln, indem du eine Verbindung zur Natur und den Jahreszeiten in deine tägliche Hexenkunst-Therapie-Praxis integrierst. Du kannst eine starke Verbindung zur natürlichen Welt aufrechterhalten und all ihre Vorteile genießen, indem du dich auf die Rhythmen der natürlichen Welt einstellst, Achtsamkeit in der Natur übst, die Jahreszeiten genießt, die Natur in deine Praxis integrierst und umweltfreundliche Praktiken anwendest.

Das Finden einer Gemeinschaft gleichgesinnter Personen

Das Finden einer Gruppe von Menschen, die Ihre Überzeugungen teilen, kann entscheidend sein, wenn Sie die Hexenkunst-Therapie in Ihr tägliches Leben integrieren möchten. Teil einer Gruppe von Menschen zu sein, die Ihre Überzeugungen teilen, kann Ihnen ein

Gefühl von Gemeinschaft und Unterstützung geben sowie Möglichkeiten zum Lernen und zur persönlichen Entwicklung bieten. In diesem Artikel werden wir einige wichtige Schritte zur Suche nach einer Gemeinschaft von Gleichgesinnten erkunden, die Ihre Hexenkunst-Therapie-Praxis unterstützen.

Schritt 1: Identifizieren Sie Ihre Interessen und Ziele

Die Identifizierung Ihrer Interessen und Ziele ist der erste Schritt, um eine Gruppe von Menschen zu finden, die sie teilen. Dies könnte bedeuten, sich mit verschiedenen Aspekten der Hexenkunst-Therapie, wie Meditation, Wahrsagerei oder Kräuterkunde, zu befassen und herauszufinden, welche Bereiche Ihr Interesse am meisten ansprechen.

Es ist auch eine gute Idee, über die Ziele nachzudenken, die Sie mit Ihrer Hexenkunst-Therapie-Praxis erreichen möchten. Möchten Sie Ihre Verbindung zur spirituellen Welt stärken, Ihre emotionalen Probleme bewältigen oder Ihre intuitiven Fähigkeiten verbessern? Wenn Sie Ihre Ziele kennen, können Sie besser Gruppen von Menschen und Gemeinschaften finden, die Interessen haben, die mit Ihren eigenen übereinstimmen und die Unterstützung bieten können, um Ihre Ziele zu erreichen.

Schritt 2: Besuchen Sie lokale Veranstaltungen und Treffen

Die Teilnahme an Veranstaltungen und Treffen vor Ort ist eine fantastische Möglichkeit, Menschen in Ihrer Umgebung kennenzulernen, die Ihre Interessen und Werte teilen. Dies könnte die Teilnahme an einem Treffen einer örtlichen Coven, an einem paganen Festival oder Treffen oder an einer Gruppenmeditation oder einem Ritual beinhalten.

Durch die Teilnahme an diesen Aktivitäten haben Sie die Möglichkeit, neue Menschen kennenzulernen, die Ihre Interessen und Ambitionen teilen, und Sie werden auch beginnen, ein Gefühl von Gemeinschaft und Unterstützung für sich selbst aufzubauen.

Schritt 3: Treten Sie Online-Communities und Foren bei

Die Teilnahme an lokalen Veranstaltungen ist eine der besten Möglichkeiten, um mit anderen in Kontakt zu treten, die ähnliche Interessen teilen. Das Beitreten von Online-Communities und Foren kann jedoch ebenfalls sehr hilfreich sein. Sie können mit anderen Menschen interagieren, ihnen Fragen stellen und Ihre eigenen Erfahrungen teilen, indem Sie an einer der vielen Online-Communities oder Foren teilnehmen, die der Hexenkunst-Therapie und anderen verwandten Themen gewidmet sind.

Einige der bekanntesten Online-Communities und Foren sind Witch Vox, die Hexenkunst-Community auf Reddit und viele Facebook-Gruppen, die sich auf die Hexenkunst-Therapie konzentrieren.

Schritt 4: Suchen Sie nach einem Mentor oder Lehrer

Das Finden eines Lehrers oder Mentors, der Sie durch den Prozess der Praxis der Hexenkunst-Therapie führt, kann eine weitere vorteilhafte Methode sein, um mit Menschen in Kontakt zu treten, die Ihre Werte teilen, und Ihr Wissen über das Thema zu erweitern. Ein Mentor oder Lehrer kann Ihnen Anleitung und Unterstützung geben, während Sie Ihre Praxis erkunden, und kann Ihnen auch dabei helfen, mit anderen Personen in der Gemeinschaft in Kontakt zu treten.

Sie können versuchen, einen lokalen Lehrer oder Mentor über Veranstaltungen und Treffen in Ihrer Region zu finden. Alternativ können Sie Online-Ressourcen und Kurse in Betracht ziehen, um sich mit erfahrenen Praktizierenden zu vernetzen.

Schritt 5: Gründen Sie Ihre eigene Gruppe oder Ihren eigenen Kreis
Wenn Sie in einer Gegend leben, in der es keine Gemeinschaft von Menschen gibt, die Ihre Werte und Perspektiven teilen, sollten Sie darüber nachdenken, Ihre eigene Unterstützungsgruppe oder Ihren eigenen sozialen Kreis zu gründen. Dies kann eine ausgezeichnete Möglichkeit sein, mit anderen Menschen in Kontakt zu treten, die Ihre Interessen und Ziele teilen, und es bietet auch Chancen zum Lernen und zur persönlichen Entwicklung.

Wenn Sie Ihre eigene Gruppe oder Ihren eigenen Kreis gründen möchten, sollten Sie darüber nachdenken, andere Menschen in Ihrer Umgebung zu kontaktieren, die Ihre Interessen und Ziele teilen, und regelmäßige Treffen oder Veranstaltungen zu organisieren, um verschiedene Aspekte der Hexenkunst-Therapie zu erforschen.

Tipps zum Finden einer Gemeinschaft von Gleichgesinnten

- Identifiziere deine Interessen und Ziele für deine Hexenkunst-Therapie-Praxis

- Besuche lokale Veranstaltungen und Treffen

- Trete Online-Communities und Foren bei

- Suche nach einem Mentor oder Lehrer

- Erwäge, deine eigene Gruppe oder deinen eigenen Kreis zu gründen

Vorteile des Findens einer Gemeinschaft von Gleichgesinnten

Das Entdecken einer Gruppe von Menschen, die deine Werte und Perspektiven teilen, kann zu zahlreichen Vorteilen führen, darunter:

- Ein Gefühl der Zugehörigkeit und Unterstützung

- Möglichkeiten zum Lernen und Wachsen

- Zugang zu neuen Ressourcen und Informationen

- Inspiration und Motivation, um deine Praxis zu vertiefen

- Ein Raum, um über deine Erfahrungen zu sprechen und tiefere Verbindungen zu anderen Menschen herzustellen.

Insgesamt ist es bei der Integration von Hexenkunst-Therapie in deinen Alltag ein wichtiger Schritt, eine Gemeinschaft von Menschen zu finden, die deine Werte und Perspektiven teilen. Indem du an lokalen Veranstaltungen und Treffen teilnimmst, Mitglied in Online-Communities und Foren wirst, nach einem Mentor oder Lehrer suchst oder deine eigene Gruppe oder deinen eigenen Kreis gründest, kannst du dich mit Gleichgesinnten vernetzen, dein persönliches Wachstum und deine spirituelle Entwicklung fördern und Inspiration und Motivation finden, um deine Praxis weiter zu erforschen und zu erweitern.

Egal, ob du gerade erst mit deiner Praxis der Hexenkunst-Therapie beginnst oder bereits seit einiger Zeit diesem Weg folgst, das

Finden einer Gemeinschaft von Gleichgesinnten kann dir helfen, dich unterstützt und verbunden zu fühlen, während du die Höhen und Tiefen deiner Reise durchläufst. Du kannst deine Praxis weiter vertiefen und erweitern, wenn du die richtige Gemeinschaft und Unterstützung hinter dir hast. Gleichzeitig kannst du dein Wissen und deine Erfahrungen mit anderen in der Gemeinschaft teilen.

Wenn du nach einer Gemeinschaft von Menschen suchst, die deine Überzeugungen teilen, ist es wichtig, daran zu denken, dass der Weg jedes Einzelnen unterschiedlich ist und es keine "richtige" Art gibt, Hexenkunst-Therapie zu betreiben. Dies ist etwas, das du im Hinterkopf behalten solltest, während du nach einer solchen Gemeinschaft suchst. Während du dich von anderen inspirieren lassen kannst, solltest du auch deiner eigenen Intuition und der Weisheit in dir selbst vertrauen.

Darüber hinaus kann es hilfreich sein, diese Gemeinschaften und Treffen mit einem offenen Geist und Herz anzugehen und respektvoll und unterstützend gegenüber anderen in der Gemeinschaft zu sein. Indem du ein Gefühl von gegenseitigem Respekt und Unterstützung unter den Mitgliedern der Gemeinschaft förderst, kannst du eine starke und dynamische Gemeinschaft schaffen, die das persönliche Wachstum und die spirituelle Entwicklung aller ihrer Mitglieder fördert.

Zusammenfassend ist es einer der wichtigsten Aspekte bei der Integration von Hexenkunst-Therapie in den Alltag, nach einer Gemeinschaft von Menschen zu suchen, die ähnliche Werte und Perspektiven teilen. Durch die Verbindung mit anderen, die deine

Interessen und Ziele teilen, kannst du ein Gefühl der Zugehörigkeit und Unterstützung erfahren sowie Möglichkeiten zum Lernen und zur persönlichen Entwicklung erhalten. Du kannst dies erreichen, indem du an lokalen Veranstaltungen und Treffen teilnimmst, Mitglied in Online-Communities und Foren wirst, nach einem Mentor oder Lehrer suchst oder deine eigene Gruppe oder deinen eigenen Kreis gründest. Durch die Kraft der Gemeinschaft kannst du deine Praxis vertiefen, dein persönliches Wachstum verbessern und deine spirituelle Entwicklung vorantreiben, während du gleichzeitig die Möglichkeit hast, deine Erkenntnisse und Erfahrungen mit anderen zu teilen, die sich auf einer ähnlichen Reise befinden.

Die Integration der Hexerei in Ihre spirituelle Praxis

Die Integration von Hexenkunst in deine spirituelle Praxis kann eine kraftvolle Möglichkeit sein, deine Verbindung zum Göttlichen zu vertiefen und dein persönliches Wachstum und deine spirituelle Entwicklung zu fördern. Ob du neu in der Hexenkunst-Therapie bist oder schon seit einiger Zeit praktizierst, die Integration von Hexenkunst in deine spirituelle Praxis kann eine Vielzahl von Vorteilen bieten. Einige dieser Vorteile sind erhöhte Intuition und eine tiefere spirituelle Verbindung, gesteigerte Kreativität und Inspiration sowie ein stärkeres Gefühl für Sinn und Bedeutung im Leben.

In diesem Abschnitt werden wir einige der wichtigsten Schritte besprechen, die unternommen werden müssen, um Hexenkunst erfolgreich in deine spirituelle Praxis zu integrieren. Diese Schritte beinhalten die Erforschung deiner spirituellen Überzeugungen, die Integration von Hexenkunst in deine tägliche Routine und das Entwickeln eines Gefühls der Verbindung und Ehrfurcht vor dem Göttlichen.

Schritt 1: Erforsche deine spirituellen Überzeugungen

Das erste, was du tun musst, um Hexenkunst in deine spirituelle Praxis zu integrieren, ist die Erforschung der Werte und Überzeugungen, die deinen spirituellen Weg leiten. Dies kann die Erkundung verschiedener spiritueller Traditionen, das Studium der Mythologie und Folklore, die mit Hexenkunst verbunden sind, oder die Meditation oder das Gebet zur Verbindung mit dem Göttlichen beinhalten.

Indem du deine spirituellen Überzeugungen und Werte erforschst, kannst du eine stärkere Verbindung und Ehrfurcht vor dem Göttlichen entwickeln und verstehen, wie Hexenkunst deine aktuelle spirituelle Praxis verbessern kann.

Schritt 2: Integriere Hexenkunst in deine tägliche Routine

Ein weiterer wichtiger Schritt zur Integration von Hexenkunst in deine spirituelle Praxis besteht darin, sie in deine tägliche Routine zu integrieren. Dies kann das Einführen täglicher Rituale oder Praktiken in deinen Zeitplan beinhalten, wie zum Beispiel Tarot-Lesen, Visualisierung oder Meditation.

Indem du diese Praktiken in deine tägliche Routine aufnimmst, kannst du deinem Leben Struktur und Bedeutung verleihen und deine Verbindung zum Göttlichen und deiner inneren Weisheit stärken.

Schritt 3: Entwickle ein Gefühl der Verbindung und Ehrfurcht vor dem Göttlichen

Die Integration von Hexenkunst in deine spirituelle Praxis erfordert, dass du ein Gefühl der Verbindung zum und der Ehrfurcht vor dem Göttlichen entwickelst. Dies kann das Verbringen von Zeit in der Natur, das Durchführen von Ritualen oder Zeremonien oder das Ausüben spiritueller Praktiken beinhalten, die dich mit dem Göttlichen verbinden.

Indem du ein Gefühl der Verbindung und Ehrfurcht vor dem Göttlichen entwickelst, kannst du deine spirituelle Verbindung stärken, dein persönliches Wachstum und deine spirituelle Entwicklung verbessern und mehr Erfüllung im Leben finden.

Tipps zur Integration von Hexenkunst in deine spirituelle Praxis

- Erkunde deine spirituellen Überzeugungen und Werte

- Integriere Hexenkunst in deine tägliche Routine

- Entwickle ein Gefühl der Verbindung und Ehrfurcht vor dem Göttlichen

- Probiere verschiedene Techniken und Rituale aus, um herauszufinden, was am besten zu dir past

- Sei offen für Lernen und Wachstum in deiner Praxis

Vorteile der Integration von Hexenkunst in deine spirituelle Praxis

Die Integration von Hexenkunst in deine spirituelle Praxis kann aus verschiedenen Gründen vorteilhaft sein, wie zum Beispiel:

- Erhöhte Intuition und spirituelle Verbindung

- Gesteigerte Kreativität und Inspiration

- Stärkeres Gefühl für Sinn und Bedeutung im Leben

- Verbesserte körperliche und emotionale Gesundheit

- Tiefere Verbindung zum Göttlichen

Zusammenfassend kann die Integration von Hexenkunst in deine spirituelle Praxis eine kraftvolle Möglichkeit sein, deine Verbindung zum Göttlichen zu vertiefen und dein persönliches Wachstum und deine spirituelle Entwicklung zu fördern. Du kannst deine spirituelle Verbindung stärken und mehr Bedeutung im Leben finden, indem du deine spirituellen Ideen und Werte erforschst, Hexenkunst in deine tägliche Routine integrierst und ein Gefühl der Verbindung und Ehrfurcht vor dem Göttlichen entwickelst. Die Integration von Hexenkunst in deine spirituelle Praxis bietet eine Vielzahl von Vorteilen und Möglichkeiten für Wachstum und Transformation, unabhängig davon, ob du neu in der Hexenkunst-Therapie bist oder schon seit einiger Zeit praktizierst.

Fazit

Zusammenfassung der therapeutischen Vorteile der Hexerei

Hexenkunst-Therapie ist ein kraftvolles Instrument für Heilung und persönliche Entwicklung. Individuen können durch den Einsatz von Techniken wie Meditation, Visualisierung, Zauberarbeit und Wahrsagung auf ihre innere Weisheit zugreifen, eine Verbindung zum Göttlichen herstellen und ihre emotionalen und körperlichen Probleme lösen. In diesem Artikel werden wir die Vorteile der Verwendung von Hexenkunst als therapeutisches Werkzeug zusammenfassen, darunter gesteigertes Selbstbewusstsein, emotionale Heilung, körperliche Heilung und spirituelles Wachstum.

1. *Enhanced Self-Awareness*

One of the primary benefits of using witchcraft as a therapeutic tool is enhanced self-awareness. By engaging in practices such as meditation and visualization, individuals can tap into their inner wisdom and gain a deeper understanding of their thoughts, feelings, and behaviors. This increased self-awareness can help individuals to identify negative patterns and behaviors and work towards positive change and personal growth.

2. *Emotional Healing*

Witchcraft therapy can also be a powerful tool for emotional healing. By working through emotional issues such as trauma, anxiety, and depression, individuals can release negative emotions and gain a greater sense of peace and calm. Practices such as spellwork and ritual can also provide a sense of empowerment and control, helping individuals to feel more confident and capable in their daily lives.

3. *Physical Healing*

In addition to emotional healing, witchcraft therapy can also be beneficial for physical healing. Practices such as herbalism and aromatherapy can be used to support physical healing and wellness, while practices such as energy work can help to release physical tension and pain. Individuals can promote their physical health and well-being by utilizing the body's own healing capabilities and interacting with the earth's energies.

4. *Spiritual Growth*

Witchcraft therapy is a potent instrument for spiritual development, too. Individuals can strengthen their spiritual connection and find more meaning and purpose in life by interacting with the energy of the earth and the elements and connecting with the divine. Tarot reading and other divination techniques can also offer guidance and insight into life's difficulties, assisting people in following their path more deliberately and with better clarity.

5. *Incorporating Witchcraft Therapy into Your Daily Life*

It's crucial to incorporate these techniques into your daily life if you want to gain from witchcraft therapy. This might involve developing a daily meditation practice, creating a sacred space for ritual and spellwork, or working with herbs and essential oils to support your physical and emotional health. By incorporating these practices into your daily routine, you can deepen your connection to the divine, support your personal growth and healing, and gain a greater sense of purpose and meaning in life.

In summary, using witchcraft as a therapeutic tool can provide a wealth of benefits for personal growth and healing. From enhanced self-awareness to emotional and physical healing to spiritual growth, witchcraft therapy can help individuals to tap into their inner wisdom, connect with the divine, and work through life's challenges with greater clarity and intention. By incorporating these practices into your daily life, you can support your personal growth and healing and gain a greater sense of purpose and meaning in life.

Abschließende Gedanken und Ermutigung zur Verwendung von Hexerei zur Selbstverbesserung

Als wir uns dem Ende dieses Buches nähern, hoffen wir, dass Sie ein tieferes Verständnis für Hexenkunst-Therapie gewonnen haben und ihr Potenzial für persönliches Wachstum und Heilung erkennen. Wir ermutigen Sie, auf Ihrem Weg weiterzugehen, neue Rituale und Methoden zu erforschen und auf Ihre eigene besondere Weise Kontakt zum Göttlichen herzustellen, egal ob Sie neu in der Hexenkunst sind oder diesen Weg schon länger verfolgen.

Es gibt keinen "richtigen" Weg, Hexenkunst-Therapie zu praktizieren, aber es gibt einige Leitprinzipien, die Ihnen auf Ihrem Weg helfen können:

1. Vertrauen Sie Ihrer Intuition: Hexenkunst-Therapie beruht auf einem starken Glauben an Ihre eigene innere Weisheit und Intuition. Sie können Klarheit und Richtung finden, indem Sie mit dieser inneren Stimme in Verbindung treten und die Herausforderungen des Lebens bewältigen.

2. Nutzen Sie die Kraft der Absicht: Ein wichtiger Bestandteil der Hexenkunst-Therapie ist das Setzen spezifischer Absichten. Indem Sie Ihre Energie und Aufmerksamkeit auf das lenken, was Sie in Ihrem Leben manifestieren möchten, können Sie an positiven Veränderungen und persönlichem Wachstum arbeiten.

3. Verbinden Sie sich mit der natürlichen Welt: Hexenkunst-Therapie beruht auf einer starken Verbindung zur Natur. Sie

können Ihre spirituelle Verbindung stärken und mehr Sinn im Leben finden, indem Sie Zeit in der Natur verbringen, mit Kräutern und anderen natürlichen Materialien arbeiten und die jahreszeitlichen Zyklen beobachten.

4. Kultivieren Sie ein Gefühl der Gemeinschaft: Ein wichtiger Bestandteil der Hexenkunst-Therapie besteht darin, ein Gefühl der Gemeinschaft und Unterstützung zu schaffen. Das Finden von Gleichgesinnten, mit denen Sie Ihren Weg teilen können, bietet ein Gefühl der Zugehörigkeit und Unterstützung sowie Chancen für Lernen und Wachstum, egal ob Sie persönlich oder online mit anderen Praktizierenden in Kontakt treten.

Wir raten Ihnen, Ihre Praxis mit Neugier, Offenheit und dem Wunsch zu lernen und zu wachsen zu verfolgen. Indem Sie die Kraft der Hexenkunst-Therapie annehmen, können Sie Ihr persönliches Wachstum und Ihre Heilung fördern, Ihre Verbindung zum Göttlichen vertiefen und einen größeren Sinn und Zweck im Leben finden.

Wir hoffen, dass dieses Buch Ihnen ein umfassendes Verständnis von Hexenkunst-Therapie und ihrem Potenzial für Heilung und persönliche Entwicklung vermittelt hat. Indem Sie Techniken wie Meditation, Visualisierung, Zauberarbeit und Wahrsagung in Ihren Alltag integrieren, können Sie Ihre Verbindung zum Göttlichen stärken, Ihre persönliche Entwicklung und Heilung unterstützen und mehr Sinn und Zweck im Leben finden. Ob Sie gerade erst mit Ihrer Reise beginnen oder diesen Weg schon länger beschreiten, ermutigen wir Sie, voranzukommen, indem Sie Ihren Instinkten folgen, an die Kraft der Absicht glauben, mit der Natur interagieren und ein Gefühl von Unterstützung und Gemeinschaft entwickeln.

Vielen Dank, dass Sie unser Buch gekauft und gelesen/angehört

haben. Wenn Sie dieses Buch nützlich/hilfreich fanden, nehmen Sie

sich bitte ein paar Minuten Zeit und hinterlassen Sie eine Rezension

auf Amazon.com oder Audible.com

(wenn Sie die Audioversion gekauft haben).